W0227153

Peter Abel

Keine Zeit für Burnout

Peter Abel

Keine Zeit für Burnout

Vom Arbeitsstress zur Herzensruhe

Vier-Türme-Verlag

Bibliographische Information der Deutschen Nationalbibliothek

Die Deutsche Nationalbibliothek verzeichnet diese Publikation in der Deutschen Nationalbibliographie. Detaillierte bibliographische Daten sind im Internet über http://dnb.d-nb.de abrufbar.

1. Auflage 2012
© Vier-Türme GmbH, Verlag, Münsterschwarzach 2012
Alle Rechte vorbehalten

Lektorat: Dr. Thomas H. Böhm
Umschlaggestaltung: Thomas Uhlig, www.coverdesign.net
Umschlagmotiv: Veer Incorporated
Gesamtherstellung: Friedrich Pustet KG, Regensburg
ISBN 978-3-89680-552-2

www.vier-tuerme-verlag.de

Ein Wort für Arbeitsgestresste und Arbeitszufriedene

»So sah ich denn, dass nichts Besseres ist,
als dass ein Mensch fröhlich sei an seiner Arbeit;
denn das ist sein Teil.«
Prediger 3,22 (Lutherübersetzung)

Kann man heute glücklich und zufrieden arbeiten? Schon zu Beginn des 20. Jahrhunderts prognostiziert der damals angesehene italienische Arzt und Psychiater Cesare Lombroso, dass die »Hast des Lebens«, die nur »arbeiten und arbeiten und arbeiten« lässt, in hundert Jahren immer mehr Menschen in den Wahnsinn treiben werde. Seine Prognose scheint sich zu bewahrheiten – berufliche Müdigkeit und Erschöpfung werden von der Weltgesundheitsorganisation jetzt schon als die Gefährdung psychischer Gesundheit im 21. Jahrhundert beschrieben.

Der Glaube an grenzenloses Wachstum und technologische Machbarkeit ist erschüttert. Eine zerstörerische Leistungsorientierung kommt im Arbeitsleben an ihre Grenzen. Burnout, das wird immer deutlicher, behindert uns in unserer menschlichen und persönlichen Entwicklung (vgl. Abel 2009). Doch es geht auch anders: Was Nachhaltigkeit im Wirtschaftlichen, was Mitgefühl und Gemeinsinn im Gesellschaftlichen bedeuten, das kann eine spirituelle Sensibilität im persönlichen Arbeitsleben sein. Ich muss nicht zwangsläufig ausbrennen.

Jeder Einzelne kann sich auf die inneren Kräfte in seiner Arbeit und in seinem Leben besinnen. Zufrieden und gut zu arbeiten ist ein Prozess der spirituellen Veränderung: Innehalten und wahrnehmen, Blockaden überwinden, sich seiner Ziele vergewissern und eine Vision entwickeln, den Wandel willkommen heißen und handeln, das sind die dafür notwendigen Schritte. Sie stärken meine Einstellung zum Leben. Sie helfen, dieses sinngegründet und zuversichtlich zu gestalten.

Dabei schöpfe ich aus der Weisheit der Mönche: aus den Überlieferungen der Wüstenväter, die unsere Auffassung vom inneren Ruhen in der Arbeit bis heute prägen, aus der Regel Benedikts, deren Einklang von Einkehr und Engagement Markenzeichen christlicher Spiritualität ist, aus den Schriften Bernhards von Clairvaux, der sich als gestresster Zeitgenosse die Pflege der eigenen Seele auf die Fahnen schreibt.

Am Ende bin ich dankbar: wenn ich hinhören kann; wenn ich an einer Sache gelassen dranbleibe; wenn ich mit meinen Kolleginnen und Kollegen Neues entwickeln darf; wenn mir das Gleichgewicht von Innehalten und Schöpferisch-Sein gelingt.

Und Sie?

Zufrieden arbeiten

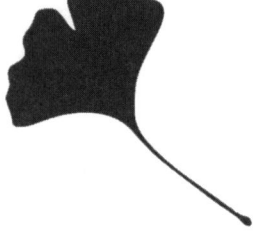

Gerne führe ich ein gelingendes Leben. Es gibt Tage, an denen mir dieses Vorhaben glückt. Erholt und in innerer Erwartung stehe ich am Morgen auf. In der Frühe nehme ich mir eine stille Zeit und horche in mich hinein: Was bewegt mich? Welche Stimmungen und Gefühle kommen in mir auf? Was trägt mich? Gelassen schaue ich auf meinen Tag: Was kann ich mir heute vornehmen? Was möchte ich erreichen?

Ich formuliere mir ein Ziel, sehe die Menschen, mit denen ich heute zu tun habe, und meine Aufgaben vor mir. So vorbereitet, durchlebe ich den Tag, zufrieden und in innerer Gelöstheit. Mein Tag gelingt.

Das ist nicht immer so. Da steht für mich ein voller Arbeitstag an. Deswegen habe ich schon schlecht geschlafen. Ich bin nervös und gereizt. Von Anfang an läuft es nicht rund. Ein Telefonat führt nicht zum gewünschten Ergebnis. Ich klage über die verfahrene Situation. Innerlich blockiert warte ich einfach ab, bis ich schließlich etwas tun muss, und reagiere dann unüberlegt und kopflos. Dennoch frage ich mich: Wie hätte ich mich anders verhalten können? Welche innere Einstellung hilft mir weiter? Was lässt mein Tun trotz widriger Umstände gelingen?

Gelingende und weniger gelingende Tage prägen mein Leben und meine Arbeit. Erfolg und Misserfolg, Glück und Scheitern, Zufriedenheit und Unbehagen gehören dazu. Aber ich wünsche mir, dass ich – wie es der alttestamentliche Prediger formuliert – »fröhlich bin an meiner Arbeit«.

Sicherlich kennen Sie den einen oder anderen Menschen, von dem man sagt: »Der hat seine Berufung gefunden. So zufrieden, wie der arbeitet, möchte ich auch sein.« Und wenn ich mir diese Menschen vor mein inneres Auge stelle, dann haben diese Frau oder dieser Mann besondere Eigenschaften: Arbeit erfüllt sie. Sie sehen einen Sinn darin. Sie geben sich in ihrer Arbeit hin, weil sie darin einen Beitrag für ein höheres Gut sehen, für etwas, das größer ist als sie. Sie sind – ganz im Gegensatz zu demjenigen, der nur seinen Job macht – nicht nur vom Geld oder der Karriere abhängig. Über Ansehen oder Gestaltungsmacht können sie sich freuen, aber dies sind nicht die Motive, für die sie in erster Linie arbeiten.

»Ich bin glücklich, wenn ich für andere da sein kann«, sagt mir eine Erzieherin: »Wenn ich gut zuhöre und ein Kind verstehe, wenn es mir gelingt, ihm etwas verständlich zu vermitteln, wenn ich ein Lachen provoziere, dann war mein Arbeitstag gut. Erfüllung finde ich, wenn ich für jemanden wichtig bin.«

Dass ich mit Freude meine Arbeit tue, das ist für mich ein wichtiger Bestandteil meines Lebens. Ich möchte zufrieden an meine Arbeit gehen, selbstbestimmt und meiner inneren Stimme folgend handeln. Ich möchte dabei erfüllt und voller Leben sein und nicht nur meinen Job machen. Ich möchte nicht hilflos und tatenlos meine Sache erledigen, sondern aktiv meinen Teil tun. Wenn ich mit Kraft auf meine Aufgaben zugehe und mir nicht das Heft aus der Hand nehmen lasse, wenn ich meine Fähigkeiten und Fertigkeiten einbringe, wenn ich mich herausfordern lasse und mich dabei als Mensch weiterentwickle, wenn ich an meinen Aufgaben interessiert bin und Verantwortung auf mich nehme, dann sehe ich einen Sinn in meiner Arbeit – für mich und für andere. Dann ist mein Tun in mein Leben und in das Leben anderer eingebunden. Dann macht mir eine Aufgabe Freude und Spaß, ich fühle mich glücklich und gehe nicht resigniert ins Tagesgeschäft. Es gelingt mir, mich – meine Gedanken und meine Seele – von den Belastungen, die ja immer auch dazugehören, frei zu machen und einen größeren Sinn in dem zu sehen, was ich tue.

»Ach«, mag manche oder mancher einwenden, »bei mir ist das nicht so. Ich kann aus meiner Arbeit keinen Sinn gewinnen.« – »Es ist aber möglich«, wende ich dagegen ein. Bis in das praktische Tagesgeschäft hinein kann ich etwas gegen eine Einstellung tun, die nur Mühsal und Anstrengung in der Arbeit sieht.

Frau Meier ist Verwaltungskraft. Tag für Tag bewegt sie endlose Zahlenkolonnen hin und her. Sinnvoll scheint das nicht zu sein. Ich komme mit ihr ins Gespräch: »Auch bei diesem eintönigen Geschäft habe ich mich weiterentwickelt. Denn auf meine Verlässlichkeit kommt es an, damit unser Betrieb auf sicheren Beinen steht. Ich helfe mit, dass der Quartalsbericht stimmt und dass das Vertrauen bleibt, welches das Arbeitsklima in unserem Betrieb prägt.«

Ich schaue dabei zu, wie ein Handwerker hartnäckig an einer kniffeligen Aufgabe dranbleibt und zielstrebig an einer Lösung arbeitet. Er hört auf meine Wünsche und beschreibt, was er verstanden hat. Er bietet eine Lösung an. Wir entscheiden gemeinsam, und er setzt die Überlegungen konstruktiv um. Arbeit ist so ein positiver Lebensfaktor; sie trägt zu einem gelingenden Leben bei.

Ich wünsche mir, dass das Gelingen als Vorzeichen vor allem steht. Doch mein Wunsch erfüllt sich nicht immer. Oft genug trage ich meinen Teil zum Misslingen und zur »Sinnlosigkeit« meiner Arbeit bei. So muss ich zunächst darauf schauen, was meine Arbeit gefährdet.

In der Belastungsfalle

Unser Leben ist von Veränderung geprägt. Auf meinen Alltag, vor allem auf meine Arbeit heruntergebrochen, bedeutet das: Ich muss mich immer wieder auf Neues einstellen. Ich muss mich immer wieder anstrengen. Es kostet mich Kraft, den gesetzten Aufgaben gerecht zu werden. Verantwortung auf mich zu nehmen macht Mühe. Die Anforderungen an meine Arbeit sind größer geworden. Konnte ich vor einiger Zeit noch ziemlich gut beschreiben, was von mir gefordert wird, und mit meinen fachlichen Qualifikationen den Alltag bestehen, so geht es mir heute wie vielen anderen Menschen. Es ist zu viel. Die Belastungen nehmen zu. Zusätzliche Qualifikationen sind gefragt: Kommunikationsfähigkeit und Verantwortungsbereitschaft, der Wille zur Veränderung ebenso wie die Fähigkeit, mich ständig anzupassen und mir neues Wissen anzueignen.

Es wäre schön, wenn immer Raum für mich wäre, um meine Kompetenzen in Ruhe in meine Arbeit einzubringen. Im Alltag ist aber zu oft das Gegenteil der Fall: Unterbrechungen und Störungen rauben mir den letzten Nerv. Ich kann mich kaum auf Neues einstellen. Die Belastung ist fast unerträglich geworden.

»Lange halte ich das nicht mehr aus«, erzählt mir der Verwaltungsleiter einer sozialen Einrichtung: »Als ich meine Aufgabe annahm, da war mein Auftrag klar. Ich hatte geregelten

Dienst und wusste, was zu tun ist. Heute ist das anders. Ich habe drei- bis viermal so viele Anrufe, muss immer komplizierte Anträge stellen und mit den Kostenträgern über viel mehr Angelegenheiten verhandeln. Aus Sparzwängen mussten wir umstrukturieren und Personal freisetzen. Das Ergebnis: Mir bleibt noch mehr Management. Oft spüre ich gar nicht mehr, dass meine Grenzen überschritten sind. Ich führe ein Leben auf Pump.«

Leben im rasenden Stillstand

Wer auf der Höhe der Zeit sein will – so scheint es unumstößliches Gesetz des Lebens und der Arbeit zu sein –, der muss das Hier und Jetzt beherrschen. Ich gestalte mein Leben – jetzt! Ich bin Schöpfer meiner Zeit – in jedem Augenblick. Der Zeitmanager, der effizient über seine Zeit verfügt, und nicht der Besonnene ist auf der Höhe der Zeit.

Zeitmanagement ist zur Lebensmetapher geworden. Zeitoptimierung hat Vorrang. Die Folge ist: Ich habe Zeit, aber viel zu wenig. Ich muss sie daher festhalten, verplanen, mich gierig an ihr festbeißen. Zeit ist Geld. Nur wer seine Zeit gut managt, hat Erfolg.

Zeitgestaltung wird perfektioniert und buchhalterisch betrieben, durchgeplant und hart kalkuliert. Geschwindigkeit wird zum strategischen Erfolgsfaktor. Fastfood und Telefon, Hochgeschwindigkeit und schnelle Information bestimmen den Alltagstakt im Kampf gegen die Uhr. Der Fortschrittliche bewegt sich, beschleunigt sein Leben.

»Ich hetze, daher bin ich«, so könnte man in Anlehnung an René Descartes heute festhalten. Schnelligkeit und Hetze werden zum Statussymbol des arbeitenden Menschen. Der traditionellen Bodenhaftung steht die moderne Mobilität entgegen, der Behutsamkeit die Anspannung und der festen Beziehung ein flüchtiges Netzwerk.

»Zeitmanagement ist eine moderne Form der Heilserwartung«, hat der Zeitforscher Karlheinz Geißler gesagt. Aber es hat die *ge*füllte, nicht die *er*füllte Zeit zum Ziel.

Termine erzeugen neue Termine, Telefonate und Konferenzen ... Zeitdruck verhindert selbst gestaltete Zeit. Die exakte Verwaltung meiner Zeit, deren durchgeplante Ausführung und das Ausmerzen des Überflüssigen verhindern Lebendigkeit. Der Druck der Termine lässt mich die Natürlichkeit des Lebens missachten. Zeitgestaltung heißt dann nichts anderes, als dass ich Leben und Arbeiten zu Ereignisketten aneinanderreihe. Meine Zeit reicht mir dabei nie. Ich fühle mich dem Diktat des Zeitmangels ausgeliefert.

Am Ende gerate ich in den – wie der französischen Medientheoretiker Paul Virilio es nennt – »rasenden Stillstand« und merke gar nicht mehr, wo das Leben wirklich spielt. Zwar habe ich nun die Möglichkeit und die Freiheit, mein eigenes Leben zu leben. Aber ich muss mich dabei sputen – meine Zeit ist ja begrenzt, und spätestens mit dem Tod ist es aus. Mit dem Verfügen über meine Zeit wächst meine Angst, diese zu verlieren, und je mehr ich sie kontrolliere, desto mehr stelle ich fest: Sie ist mir entgangen.

Beschleunigung ist angesagt, denn mein eigenes Leben im Hier und Jetzt ist die letzte Gelegenheit, es zu leben. »Busyness« ist mein Lebensprogramm. Am Ende merke ich gar nicht mehr, wie sehr mein Leben dabei aus dem Gleichgewicht gerät.

Aus der Balance

Reiner K., den ich schon einige Jahre kenne, ist ein vielbeschäftigter Mann. Er legt nicht nur viel Herzblut in seinen Lehrerberuf, sondern ist auch sonst mit vielen Dingen betraut. In seiner Freizeit engagiert er sich sozial und macht Musik. Er pflegt einen großen Bekannten- und Freundeskreis. Er nimmt sich viel Zeit für seine Familie.

Doch vor einigen Monaten änderte sich etwas in seinem Leben, zunächst kaum bemerkbar, dann immer offenkundiger. Reiner K. übernahm die Verantwortung für die Oberstufe seiner Schule. Nun war er viel mehr mit Managementaufgaben beschäftigt. Auf einmal hatte er viele Gespräche und Verhandlungen zu führen. Seine Beliebtheit im Kollegium sank, weil er nun auch unliebsame Entscheidungen zu treffen hatte.

Oft arbeitete er bis tief in die Nacht am Schreibtisch. Er fing an, sich ungesund zu ernähren, und wurde dabei zusehends müde und schlapp. Seine guten sozialen Kontakte nahmen ab – er hatte ja immer weniger Zeit für seine Freunde. Die Familie, die Schüler und die Kollegen erlebten ihn immer häufiger unausgeglichen und mürrisch. Aus einem in vielerlei Lebenszusammenhängen engagierten Mann war ein Getriebener geworden – und er merkte es selbst gar nicht. Die innere Balance von Lebensfreude und Engagement, von Arbeit und sozialem Leben war ihm verlorengegangen.

Dass ich mit mir im Gleichgewicht bin, dass mein inneres Empfinden und mein äußeres Erleben miteinander stimmig sind, ist nicht automatisch gegeben. Im Gegenteil, ich muss immer wieder erfahren, dass die Ansprüche des Alltags – vor allem des Berufes – mich aus der Bahn werfen. Zunehmende Belastungen und Verantwortung sorgen dafür, dass ich aus dem Gleichgewicht gerate. Die Arbeit wird überbetont. Weder mein Bedürfnis nach gesundem Essen und Schlaf noch Sport und Bewegung bekommen ausreichend Raum. Soziale Kontakte, Gespräch und Begegnung werden vernachlässigt. Die geistige Spannkraft lässt nach, wenn ich kreativer Beschäftigung nur unzureichend Raum lasse. Mein seelischer Innenraum bleibt unausgefüllt, wenn ich mir selbst keine Zeit mehr für mich gönne und den Kontakt zu mir selbst verliere.

In der Schule der Wüstenmönche

Schon die Wüstenväter, jene Mönche, die in der Einsamkeit der Wüste zur tiefen Lebenseinsicht gelangten, haben diese Erfahrung beschrieben:

> *Ein Greis saß in seinem Kellion [seiner Zelle], da kam eine Stimme zu ihm, die sprach: Komm her, und ich werde dir die Werke der Menschen zeigen!*
> *Der Sprecher führte ihn an einen Ort und zeigte ihm einen Äthiopier, der Holz spaltete. Er hatte einen großen Haufen beisammen, versuchte, ihn aufzuhe-*

*ben, und brachte es nicht fertig. Statt nun von ihm
einzeln wegzunehmen, spaltete er noch mehr Holz
und legte es auf den Haufen. Das tat er lange Zeit.*

*Der Sprecher ging weiter und zeigte ihm einen
Mann, der an einem Teiche stand und Wasser daraus
schöpfte, und zwar in eine durchlöcherte Zisterne, die
das Wasser wieder in den Teich hinabfließen ließ.*

*Wiederum sprach er zu ihm: Komm, ich werde
Dir etwas anderes zeigen! Er sah einen Tempel und
zwei Männer zu Pferde. Sie trugen der Quere nach
einen Balken, einer neben dem anderen. Sie wollten
zum Tor hinein, konnten es aber nicht, weil der Balken quer lag. Keiner wollte sich herablassen, hinter
dem anderen den Balken geradeaus zu tragen. Darum
blieben sie außerhalb des Tempels.*

APOPHTHEGMATA 71

Holzspalter, Wasserschöpfer und die beiden Träger sind Pro-
totypen für planlose Geschäftigkeit, gedankenloses Getrie-
bensein und selbstfixiertes Schuften. In unsere Sprache und
Denkwelt übersetzt, heißt das: Wer einfach nur loslegt und
das Ganze nicht mehr sieht, wer unüberlegt seine Arbeit ver-
richtet, wer nur noch blind angetrieben wird, wer nur sich
selbst im Blick hat und gar nicht mehr die Bedürfnisse des
anderen sieht, wer sich von der Arbeitsüberlastung überrollen
lässt, wer dem blinden Aktionismus verfällt und so von seiner
Arbeit besessen wird, wer nur noch die eigenen Programme
und Konzepte sieht, der findet den Weg zu sich selbst nicht
mehr und der hat sprichwörtlich den Kontakt zu sich selbst
verloren. Ein solcher Mensch begibt sich in die Gefahr, dass er

das Tor zum Tempel nicht mehr findet: seine eigene Lebensmitte. Das Tor zum eigenen Inneren bleibt ihm verschlossen, der Zugang zum Heiligsten versperrt. Er geht in den äußeren Dingen auf – und selbst dabei unter.

Die Erzählung der Wüstenväter gibt mir aber auch einen Hinweis, wie die Arbeit gut werden kann. Ich kann erstens eine Einstellung einüben, in der jede noch so unscheinbare Tätigkeit sinnvoll ist – es reicht, wenn ich nur ein Holzscheit aufnehme. Ich kann zweitens meine Arbeit in ein sinnvolles Ganzes einbinden – ich muss eben nur prüfen, ob die Zisterne intakt ist, und darf nicht blind drauflos arbeiten. Ich kann weiterhin darauf achten, was der andere braucht – und den Balken nach vorne ausrichten. Damit sind bereits Spuren aufgezeigt, wie meine Arbeit gelingen kann und ich dabei glücklich werde.

Die Positive Psychologie (zum Beispiel Seligman 2005 und Lyobomirski 2008) hat Kriterien des Glücks beschrieben, die von diesen drei Haltungen gar nicht weit entfernt sind. Glückliche Menschen sind erstens dankbar für das, was sie haben, und zufrieden. Sie genießen die Freuden des Lebens, leben im Augenblick.

Sie verfolgen zweitens realistische Lebensziele und setzen sich engagiert dafür ein, dass sie diese erreichen. Natürlich geraten sie auch in Stress und Belastung; aber sie überfordern sich dabei nicht und übernehmen sich nicht in ihren körperlichen und seelischen Kräften. Sie suchen Ausgeglichenheit und Gelassenheit, trotz der Belastung. So können sie optimistisch nach vorne schauen.

Und sie pflegen drittens unterstützende und gute Beziehungen zu anderen Menschen. Oft sind sie die Ersten, die anderen Hilfe anbieten und diese auch bekommen. Im Arbeitsumfeld setzen sie sich für das Ganze ein und tun Dinge, die nicht durch den Arbeitsvertrag gefordert sind: Sie machen ihre Arbeit eigenständig, weil sie darin einen Sinn sehen, tragen zur Lösung von Problemen und Konflikten bei, helfen Kolleginnen und Kollegen, entwickeln Eigeninitiative, um zum gemeinsamen Erfolg beizutragen. Sie sorgen für Menschlichkeit und ein wertschätzendes Klima im Betrieb. Mit anderen Worten: Sie sind beziehungsstark und großzügig, haben so mehr Energie und Zuversicht. Sie blicken dankbar auf ihr Leben. Mit dieser Freude und Zufriedenheit geht das Gefühl einher, dass es ihnen gut geht und ihr Leben lebenswert und sinnvoll ist.

Bin ich mit meiner Arbeit zufrieden?

ÜBUNG

Arbeitszufriedenheit wird von Arbeitspsychologen (zum Beispiel Warr und Clapperton 2011) über die beschriebenen Haltungen hinaus durch eine Reihe von praktischen Kriterien erfasst. Es lohnt sich, einen differenzierten Blick auf meine persönliche Arbeitszufriedenheit zu werfen:

1. *Qualifizierungs- und Entwicklungsmöglichkeiten*: Lerne ich in meiner Arbeit? Wird Qualifizierung gefördert? Kann ich mich selbst weiterentwickeln?

2. *Fähigkeiten und Kreativität*: Habe ich die Möglichkeit, meine Fähigkeiten zu leben? Kann ich meine Ideen in meine Arbeit einbringen?

3. *Aufstiegsmöglichkeiten*: Habe ich an meinem Arbeitsplatz Aufstiegschancen?

4. *Einfluss- und Gestaltungsmöglichkeiten*: Kann ich meine Arbeit selbstständig und verantwortlich gestalten? Habe ich Einfluss auf das, was in meiner Organisation erreicht werden soll?

5. *Informationsfluss*: Erhalte ich alle Informationen, die ich brauche, um meine Arbeit gut zu erledigen?

6. *Führungsstil*: Wie gut führen meine Vorgesetzten? Bringen sie mir Achtung entgegen?

7. *Betriebskultur*: Wie gut ist das Klima in meinem Unternehmen? Ist der Umgang miteinander von Vertrauen und Respekt geprägt? Werde ich fair behandelt?

8. *Kollegialität*: Erhalte ich Hilfe und Unterstützung von Kolleginnen und Kollegen, wenn dies erforderlich ist? Wird Kollegialität gefördert?

9. *Anerkennung und Wertschätzung*: Woran erkenne ich, dass ich als Person anerkannt werde? Wird meine Arbeit wertgeschätzt?

10. *Sinngehalt der Arbeit*: Ist meine Arbeit für die Gesellschaft nützlich? Sehe ich einen Sinn in ihr? Kann ich die Werte meiner Organisation teilen?

11. *Arbeitszeitgestaltung*: Kann ich meine Arbeitszeit gestalten? Gibt es eine faire und verlässliche Arbeitszeitregelung?

12. *Arbeitsintensität*: Fühle ich mich in meiner Arbeit unter Zeitdruck und gehetzt? Mache ich Abstriche an der Qualität meiner Arbeit, um mein Arbeitspensum zu schaffen?

13. *Emotionale Anforderungen*: Darf ich in meiner Arbeit Gefühle zeigen?

14. *Körperliche Anforderungen*: Kann ich unter angemessenen physikalischen Bedingungen arbeiten? Muss ich körperlich schwer arbeiten?

15. *Berufliche Zukunftsaussichten und Arbeitsplatzsicherheit*: Kommt es vor, dass ich Angst um meinen Arbeitsplatz habe?

16. *Gerechtes Einkommen*: Entspricht mein Einkommen meiner Arbeitsleistung?

Lebensfreude und Zufriedenheit – das zeigen die Fragen – finde ich in meiner Arbeit sowohl in äußeren Gegebenheiten wie auch in persönlichen Erfahrungen. Zu den äußeren Kriterien guten Arbeitens gehören beispielsweise ein gesichertes Einkommen, Arbeitsplatzsicherheit und Karrierechancen, gute Qualifizierungsmöglichkeiten, Anerkennung und Wertschätzung im Betrieb, unterstützende Vorgesetzte wie auch ein angemessenes Umfeld.

Diese äußeren Gegebenheiten müssen bis zu einem gewissen Grad gegeben sein. Wenn ich mich aber zu sehr auf diese konzentriere, werde ich mich selbst verlieren. Wenn ich zu viel auf Geld und Karriere achte und meinen »Sättigungspunkt« überschreite, werde ich meine Kräfte überstrapazieren und dem ersehnten Glück nur hinterherlaufen.

Ich muss ebenso meine persönlichen Beweggründe berücksichtigen, die mir Glück und Sinn im Beruf sichern: Wenn ich persönlichen Einfluss habe und meine Kreativität einbringe, wenn ich selbst Ziele und Verantwortung bestimmen kann, wenn ich meine Fähigkeiten verwirkliche und meinen Arbeitsbereich gestalte, wenn ich gelingende Beziehung habe, werde ich insgesamt zufriedener sein. Berufliche Zufriedenheit und meine persönliche Lebenszufriedenheit stehen in einem engen Zusammenhang. Ich kann im sinnvollen Arbeiten meine innere Mitte finden. Für diese spirituelle Seite des Arbeitens möchte ich sensibilisieren.

Höre – Nimm an – Erfülle

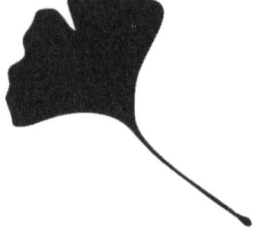

*B*elastet, beschleunigt, aus der Balance – das sind nur drei Zugänge zur Erfahrung, dass mein Arbeits- und Lebensalltag immer anstrengender wird und mein Leben insgesamt einschränkt. Ist ein guter Umgang mit dem, was mich belastet und unruhig macht, möglich? Wie kann ich mich aus dem immer schneller werdenden Treiben des Arbeitsalltags befreien? Kann ich mich, wenn ich mich den Notwendigkeiten meines Berufes aussetze, von der Gefahr lösen, dass ich ganz in der Arbeit aufgehe? Gelingt es mir, innezuhalten und bei mir zu sein, zufrieden zu arbeiten und glücklich zu leben?

Diesen Fragen will ich nun aus einer spirituellen Perspektive heraus nachgehen.

Höre, mein Sohn, auf die Weisung des Meisters, neige das Ohr deines Herzens, nimm den Zuspruch des gütigen Vaters willig an und erfülle ihn durch die Tat!
REGEL BENEDIKTS, PROLOG 1

Mit diesen Worten beginnt Benedikt von Nursia seine Regel und gibt mir eine erste Antwort, die sich aus mehreren Teilen zusammensetzt:

Hören ...

Höre! – So fängt alles an. Nicht einfach loslegen und anpacken, sondern beherzt innehalten ist Benedikts Devise. Sei aufmerksam, pass auf, sei offen und verschließe deine Sinne nicht. Das Hören nimmt ganz in Beschlag, ist etwas Unmittelbares.

»Ausculta« – wie es in der lateinischen Fassung der Regel heißt: »Höre«! Eine Deutung dieses Wortes spricht vom »Aurem colere«: sein Ohr pflegen und kultivieren. Es braucht eine Hörkultur, die aufmerksam wahrnimmt und ein eigenes Maß hat: das der Wachheit und der inneren Ruhe.

Hören ist ein Programmwort Benedikts – es durchzieht seine ganze Regel. Hören ist für ihn Schlüssel gelingenden Lebens. Im Hören finde ich meine Berufung. Wenn ich nicht höre, bin ich von mir selbst abgeschnitten. Eine auf mein Inneres gerichtete Haltung des Hörens ist wesentlich für das Heranreifen meiner selbst. Höre ich, dann bin achtsam für das, was mir mein Körper sagt – ob ich mich wohl fühle oder Schmerzen habe, ob ich nicht zur Ruhe komme und nervös bin oder ausgeglichen und entspannt. Ich achte auf meine Gedanken und Gefühle. Ich merke auf und erhelle, was mir meine Träume, Befürchtungen und Erwartungen sagen. Ich achte darauf, welche Stärken ich habe und wie ich diese Gaben im Alltag lebe.

Im Hören auf mein Inneres entdecke ich mich selbst. Diese Entdeckung ist nicht abgeschlossen. Sie muss immer wieder neu geübt werden – bis in den Vollzug meines Lebens, meiner Arbeit, meiner Beziehungen hinein. Das Hören kommt aber dort zur Vollendung, wo ich meiner Seele lausche und dabei gewahr werde, dass ein ganz *Anderer* ins Spiel gekommen ist. Denn im hörenden Schweigen öffnet sich der Mensch für sein Inneres und sammelt sich darin für die Gegenwart Gottes. Das ist meine wahre Berufung.

Einige Wochen angespannten Arbeitens liegen hinter mir. Ich hatte viel zu tun. Ein großes Projekt musste abgeschlossen werden, eine schwierige Personalentscheidung war zu treffen. Viele Gespräche habe ich geführt, mit Partnern verhandelt, mit Mitarbeitern Strategien entwickelt, und dazwischen gab es die vielfältigen Anstrengungen des Tagesgeschäfts. Für einen halben Tag ist es ruhiger, und ich versuche, zur Stille zu kommen und in mich hineinzuhören. Jetzt erst bemerke ich, wie sehr es in mir lärmt. Mir fällt es schwer, meine Gedanken zu ordnen, Prioritäten zu setzen, überlegt zu handeln. Manche Dinge kommen gar nicht recht zur Geltung, so schnell beurteile ich sie. Ich empfinde Unbehagen über das, was mich ablenkt. Ich spüre, wie wenig ich in Kontakt mit mir selbst bin – und wie unzufrieden mich das macht. Es ist, als wäre der Zugang zu meinem Inneren verschlossen.

Es braucht Zeit, bis ich merke, was sich alles ereignet hat und wie viel ich auch geschafft habe: ein klärendes Gespräch etwa, ein Wort der Zuversicht, eine gut erledigte Aufgabe. Es braucht Mühe und Übung, bis ich die verhärtete Schale meiner Gewohnheiten durchbreche und mich wachrütteln lasse. Ich brauche Geduld mit mir selbst, bis ich die blockierenden Gedanken loslassen kann und ich mich in meinem Inneren sortiere. Auf diese Weise hören heißt für mich: mich in meiner inneren Unruhe anzunehmen, meine Wünsche und Pläne,

Sympathien und Abneigungen, Ängste und Freuden wahrzunehmen, aber auf diese für einen Augenblick zu verzichten und einfach da zu sein. Auf diese Weise hören heißt aber immer auch: auf Abstand zu gehen und die Geschäftigkeit des Arbeitsalltags hinter mir zu lassen.

Meine eigenen störenden Gedanken zuzulassen, mir zu erlauben, dass Ablenkungen und Belastung, innerer Lärm und Getöse im Herzen zu mir gehören, ist ein erster Schritt zum Hören. Das Hören mit dem »Herzensohr« ist aber der zweite. Benedikt von Nursia geht nämlich mit den Belastungen des Lebens anders um, als wir es gewohnt sind. Er legt nicht einfach los, sondern hält inne. Er lässt sich im Herzen wachrütteln. Er prüft die verinnerlichten Einstellungen und Glaubenshaltungen, ob sie gut sind oder nicht. Gegen die vielen Worte und das Geschrei sucht er die »Lauterkeit im Herzen« (vgl. Regel Benedikts 20,3).

Was meint Benedikt damit? Das Organ, mit dem der Mensch hört, ist bei Benedikt das Herz. Mein Herz ist das Zentrum meines Lebens. Dort bin ich bei mir und finde, was mich ausmacht.

Ich kann mich öffnen und auf meine innere Stimme, auf die Stimme meines Herzens hören. Dann werde ich auf die Wurzel meiner eigenen Sehnsucht stoßen und in der Tiefe der Seele in Berührung mit mir selbst kommen. Ich wende mich dann der Mitte meines Lebens zu – anstatt nur auf Anforderungen meines Tagesgeschäftes zu reagieren.

Fortschritt findet im Herzen statt und dann erst im Planen und Handeln. Die Bewegung geht von innen nach außen. Lauterkeit des Herzens, wie Benedikt sie versteht, ist Einsicht in die Kraft, die mich trägt – und aus dieser erwachsen Wahrhaftigkeit und der Wille zu gestalten. Indem ich aufmerksam werde und wahrnehme, was in mir ist, indem ich ins Gespräch mit mir selbst komme, meine Gedanken zulasse, wie sie sind, und mich nicht von der Stimme des Herzens wegbringen lasse, spüre ich den Lebensstrom in mir. Ich spüre Lebenskraft und richte mich auf meine inneren Möglichkeiten aus. Ich bringe Energie und Mut auf, mich zu verändern. Meine Entschiedenheit zum Handeln wächst. Diese innere Kraft ist das Zentrum, aus dem heraus ich handeln und Einfluss auf mein Leben nehmen kann. Hier erwächst meine Fähigkeit, mit der ich entscheide und Verantwortung auf mich nehme. Hier ergreife ich Initiative. So nehme ich die Haltung des Hörens ein, indem ich mich mit dem »Herzensohr« auf mein Inneres einlasse.

... und antworten

Höre! – Da ist ein Gegenüber, das mich zum Hören aufruft. Es stellt sich heraus, dass der zu Beginn Sprechende der *Andere* ist, Gott selbst. Etwas nahezu Unaussprechliches ereignet sich, wenn Gottes Stimme zum Menschen spricht. Benedikt, der ein Kenner der Schrift ist, erinnert sich an den Psalmvers, dass das echte Hören ein lauschendes Hören auf Gottes Stimme in meinem Herzen ist. »Ich höre, was Gott in mir spricht.« (Vgl. Psalm 84,9)

Wo er den Zuspruch Gottes annimmt, ist der Mensch zutiefst bei sich selbst. Er soll auf die Weisung hören, die nichts anderes ist als Gottes Wort. Dieses Hören fordert ihn immer wieder ganz heraus und verlangt danach, dass sein Herz sich umdreht und sich in der Umkehr Gott zuwendet. Wer so hört, wird zur Hörerin und zum Hörer des Wortes Gottes und schreibt es in ihr/sein Herz. »Wenn du das hörst und antwortest: ›Ich‹, dann spricht Gott zu dir.« (Regel Benedikts, Prolog 16) Horchend trete ich aus meiner Befangenheit heraus und nehme Abstand von mir, um dem *Anderen* das Wort zu lassen – und finde mich dabei selbst. Hören ist so ein Urvorgang allen Lebens.

Manchmal ist diese Kommunikation gestört. Ich kann mein Herz verhärten und taub sein (vgl. Regel Benedikts, Prolog 10), kann mich in innerer Schwerhörigkeit verkrampfen, murren und mich auf mich selbst versteifen. Innere Taubheit und Murren über andere sind Haltungen, die allzu oft den Arbeitsalltag prägen.

Wie oft lasse ich mich von der Dringlichkeit des Tagesgeschäftes lenken? Eine Konferenz wird anberaumt, ohne dass geklärt ist, was damit erreicht werden soll. Aber »wichtig« ist sie, und ich muss dabei sein. Ein Projekt verläuft im Sande, weil die beteiligten Parteien nicht mit ihren Interessen einbezogen wurden. Blitzschnell machen sich in Diskussionen Vorurteile breit. Man traut den Kollegen nichts zu und redet schlecht über sie. Ich murre, stöhne, bin skeptisch darüber, was das Leben an Beschwerden bringt, fühle mich beengt und desorientiert, habe keine Lust. Die Geschäftigkeit des Alltags, Notwendigkeiten im Beruf, dringende Aufgaben und anstehende Geschäfte, Pläne und Strategien halten mich vom Hören ab.

Ich muss dann, so Benedikt, durch »angedonnerte Ohren« (Regel Benedikts, Prolog 9) wachgerüttelt werden. Grenzen und Träume, Sorgen und Hoffnungen, Unsicherheit und neue Orientierung öffnen sich erst im sorgsamen Hinhören. Dabei tritt die nüchterne Selbsterkenntnis zu Tage, dass das Hinhorchen oft etwas Mühsames und Zähes hat. Solche Erfahrung schiebt die romantische Einfalt beiseite, innere Erfahrung tue sich von selbst auf. Das Hinhören verlangt Geduld und stellt sich nicht automatisch ein. In der Mühe offenbart sich jedoch Neues in mir.

Auf die Anrede Gottes will ich Antwort geben. Ich warte darauf, was die Stimme Gottes mir an Weisung gibt: Das kann ein von stiller Zuversicht getragenes Wort sein, aber auch der leise Zweifel, die offene Frage ebenso wie die Gewissheit, dass mein Leben gehalten ist.

Ich suche in der Tiefe meines Herzens Gott. Auf wen ich höre, dem gehöre ich. Gehorsam zeigt sich, indem ich auf die innere Stimme höre, durch die Gott zu mir spricht, und antwortend auf sein Wort warte. Es ist gleichsam so, als ob Gott sein Ohr an mein Herz legt und ich dabei mein Herz für Gott öffne. Wenn dies geschieht, ist das Hören zugleich ein Empfangen.

Ich habe Zeit, höre hin, was in meiner Arbeit dran ist. Mein inneres Bild entsteht: ein Bild, das eine tiefe Sehnsucht in mir ausdrückt. So wächst vor meinem inneren Auge eine Vorstellung, die mich trägt: ein Vorhaben, das ich verwirklichen möchte, eine Beziehung, in die ich investieren will, eine Idee, die mir auch große Anstrengung wert ist. Ich formuliere für mich die Werte, die ich verwirklichen will.

Natürlich ist es mir wichtig, dass ich im geplanten Vorhaben Erfolg habe. Ich möchte mich nicht von jedem Widerstand entmutigen lassen. Ich möchte im ganz normalen Chaos des Alltags die Weitsicht bewahren. Ich möchte Vorhaben, die ich mit anderen realisiere, nicht nur von oben herab durchsetzen, sondern mit den Kollegen und Kolleginnen gemeinsam entwickeln.

Diese und andere Werte gewinnen in mir Gestalt. Ich spüre tief in meinem Herzen, dass ich getragen bin und dass ich verwirklichen will, was mir in meinem Leben wichtig ist. Diese Lebenskraft wird aber in ganz konkreten Lebenshaltungen anschaulich – etwa in meinem tiefen Interesse für die Menschen, in Mut und Durchhaltekraft, in Echtheit und Ehrlichkeit, in Klugheit und Bescheidenheit, in einem Gespür für Sinn und Leidenschaft ... Gerne möchte ich Fürsorge leben, indem ich zuhöre, um das Anliegen meines Gegenübers besser zu verstehen. Ich will auch Fürsorge für mich selbst leben, indem ich mit Bedacht auf meine Befindlichkeit achte: dass ich Zeit für mich habe, dass ich Achtung und Anerkennung lebe, dass ich selbst unterstützt werde. Ich möchte Gelassenheit einüben. Ich möchte meine Aufgaben gut erledigen.

So frage ich mich: Wenn ich diesen Auftrag in konkrete Schritte umsetze, welchen Schritt werde ich in der nächsten Zeit tun? Was ist bereits ansatzweise gelungen? Wer hilft mir dabei?

In solchen Momenten schöpfe ich Kraft. Indem ich hinhöre und innehalte, kann mein Tun von innen heraus wachsen. Ich kann meinen Weg erahnen und erfasse, wie sich auf ihm meine Begabung ausdrückt. So werde ich kraftvoll handeln und mich mit Mut für das engagieren, was ich und andere brauchen.

Berufen und begabt

Hören und Tun hängen eng zusammen. Wer hört, kann nicht stehen bleiben. Der Jünger »hört und handelt« (Regel Benedikts, Prolog 33). Biblisch vollendet sich das Hören erst, wenn die Weisung Gottes in die Tat umgesetzt wird (vgl. Deuteronomium 24,7).

Wenn ich höre, dann höre ich zuerst auf mich, auf meine innere Stimme. Woher weiß ich nun, dass diese innere Stimme wirklich meine wahre Stimme ist und sich darin die Stimme Gottes widerspiegelt? Benedikt von Nursia gibt mir eine klare Antwort: Wenn ich ehrlich »ich« sagen kann, wenn ich mich vor mich selbst hinstellen kann und das, was in mir wächst, mit innerem Frieden bejahe, dann kann ich aus ehrlichem Herzen antworten. Dann wird sich mein Tun verändern, denn es entspringt einem Ruf.

Wo ich auf meine Fähigkeiten achte, wo ich die Bedürfnisse des anderen in den Blick nehme, wo in alldem ein zündender Gedanke, eine Idee oder eine Aufgabe deutlich wird, wo ich zu innerer Stimmigkeit und innerem Frieden mit mir selbst komme, dort ruft mich Gott. Mit dieser, aus meinem Herzen kommenden Antwort wird mein Tun zu einem Dienst. Ich finde in meiner Arbeit wirklich meine Berufung, wenn sie aus innerer Bestimmung erwächst. Berufung und Beruf hängen eng zusammen. Eine schwierige Situation, eine komplexe Entscheidung oder auch mich selbst anzunehmen – all das ist für mich immer wieder eine Herausforderung. Da stehe ich in einer schwierigen Entscheidung, die ich als Führungskraft treffen muss. Ich weiß, dass diese Entscheidung den Erfolg meines Unternehmens voranbringen kann, für einige Mitarbeiter aber Anstrengungen und Nachteile mit sich bringen wird. Ich zögere. Ist das wirklich der Schritt, der von mir gefordert ist? Bin ich wirklich auf der richtigen Spur? Was denken die anderen? Ich suche das Gespräch mit den Mitarbeitenden und stelle das Problem dar: »Kurzfristig müssen Sie Unannehmlichkeiten auf sich nehmen, aber wir werden wir uns langfristig strategisch absichern.« Einige Mitarbeiter lassen sich in meine Überlegungen einbeziehen. Es gelingt mir, ihr Vertrauen zu wecken und sie von der Notwendigkeit der anstehenden Schritte zu überzeugen. Die Lösung, die ich ins Spiel bringe, ist noch nicht überzeugend. Ich höre ihnen zu und merke, dass meine Überlegungen noch zu technisch und zu wenig auf die Bedürfnisse der Betroffenen ausgerichtet sind: »Gemeinsam können wir das besser hinbekommen.« In einer Runde werden Alternativen präsentiert. Wir tauschen uns darüber aus, was uns deutlich geworden ist. Eine gemeinsame Entscheidung fällt.

Arbeit kostet. Mein Beispiel – ganz aus dem Alltag gegriffen – verdeutlicht, dass Arbeit oft anstrengend und mühevoll ist. Arbeit ist – auf den Punkt gebracht – einfach Arbeit: mühsam und beschwerlich, Trott, Angang gegen manche Last, mühevoll und unvermeidlich, Mich-Einfügen in Vorgaben und Entsagung. Ich muss mich immer wieder neu anstrengen im Hinhören, um Sinn in der Arbeit zu finden, Freude und Zufriedenheit zu erreichen. Dann kann Arbeit schöpferisch werden. Meine Arbeit kann für mich zum Übungsweg werden – zu mir selbst und in meiner Gottsuche.

Hören und antworten –
Spiritualität am Arbeitsplatz

Benedikts Dreischritt von Hören, Annehmen und Erfüllen ist mir eine Hilfe, um eine Spiritualität am Arbeitsplatz zu entwickeln und zu vertiefen.

Erstens: Ich höre.

In meiner Arbeit bin ich herausgefordert, meine inneren Kräfte kennenzulernen: die konstruktiven wie auch jene, die mich an meine Grenzen bringen. Etwas bewirken kann ich nur, wenn ich meine Ressourcen und Talente kenne, wenn ich die mir gegebenen Fähigkeiten und Kenntnisse einsetze und nutze. Meine Arbeit wird dann kraftvoll, wenn ich sie von innen heraus gestalte und mit Bedacht auf das achte, was von mir gefordert ist. Oft genug werde ich dabei an meine Grenzen stoßen, denn Arbeit ist immer wieder mühevoll und kann mich auch mit meinen destruktiven, blockierenden Kräften konfrontieren.

Benedikt wusste, dass Arbeit den Menschen über die Anstrengung auf den Weg nach innen führt. So kannte er sehr wohl den Verlust der Spannkraft, wie er durch Überanstrengung zustande kommt, und wusste sich gegen die Überforderung zu wehren. Er hat die Anstrengung nicht vermieden. Er hat sich aber nicht in das Ausbrennen und in die Lustlosigkeit hineingeschuftet, wie wir es heute oft genug tun. Innere, selbst herbeigeführte Erschöpfung war für ihn ein Laster. Gleichzeitig wusste er: Intensive geistliche Erfahrungen werden in den Stunden größter Belastung gemacht, indem man seine eigenen Begabungen einbringt und gerade dabei oft genug an seine eigenen Grenzen stößt.

Hier begegne ich mir selbst und lerne zu hören. Wenn mein Arbeitstag voll ist, wenn ich vor Stress nicht mehr weiterweiß, wenn ich müde bin und erschöpft, dann kann mich auch diese Erfahrung für die Gegenwart Gottes öffnen. In der Sammlung lasse ich mich nicht mehr von der Stundenhetze meines Terminkalenders diktieren, sondern nehme Abstand, um die vielfältigen Gedankensplitter loszulassen und meine Seele zu öffnen. Schweigen und Hören kommen dem Jünger zu (vgl. Regel Benedikts 6,6). Auch wenn das nur für einige Momente gelingt, so kann ich dort doch mein Herz sammeln. So kann sich meine Arbeit in mein Lebensganzes einordnen.

Zweitens: Ich nehme an.

Ich achte darauf, was in meiner Arbeit geschieht. Arbeit kann mich von Gott wegbringen – oder mich für ihn öffnen.

Ein Beispiel: Ich tue viel zu viel. Ich gönne mir viel zu wenig Schlaf. Ansprüche und Beschäftigungen treiben mich in Erschöpfung und innere Müdigkeit. Die Eindrücke meines Arbeitsalltags überschwemmen mich und rauben mir die Konzentration. Weil ich mich mit Arbeit und Aufgaben überschütte, brenne ich aus. Mein inneres Feuer ist erloschen. Das hat Folgen für meinen inneren Weg. Ich werde sorglos, ich beginne, weniger auf mein Inneres zu achten. Abgelenkt vom Lärm und Getöse, kreisen die Gedanken in meiner Seele umher. Vom vielen Tun werde ich träge, hänge am Abend nur noch herum. Mein Tun wird sinnlos.

Meine selbstverursachte Überlastung bringt mich dazu, die Suche nach dem Grund meines Lebens aufzugeben. Sie ist mir zu anstrengend geworden. Meine Seele ist müde, mein Glauben, der mich getragen hat, geht mir verloren. Mein Herz ist leer. Das Fragen und das Ringen um Gott – gerade in den Mühen des Alltags – ist erlahmt. In solchen Momenten bin ich ganz allein auf mich gestellt. Was bisher mein Leben ausgemacht hat, trägt nicht mehr. Gott schweigt. Er entzieht sich. Ich nehme Abschied vom vertrauten Gott, der aber in Wirklichkeit nur mein Gott war: ein Gott des Machens. Mir wird deutlich: Ich ging durch eine Zeit der Gottesverwechslung. Mein Gott war von mir selbst gemacht.

Doch ich stelle mich. Ich übe mich im Zur-Ruhe-Kommen, damit ich wieder wartend hören lerne. Ich übe mich in Geduld, auf dass sich in der Vielfalt des Abgestorbenen ein neuer Funke zeigt. Ich übe mich im Abschied vom selbstgemachten Gott, damit er mir Leben schenkt und ich mich von ihm verändern lasse. So bricht Gott selbst in mein Leben ein, lässt mich wahrhaft gottoffen werden. Alte Werte wie Erfolg, Machen-Müssen und Leistung treten zurück. Loslassen und Vertrauen, Selbstlosigkeit und Mitgefühl gewinnen an Bedeutung. Das Machen-Müssen ist zum Geben-Lassen geworden. Ich lerne, mich ganz neu anzunehmen.

Drittens: Ich erfülle.

Arbeit eröffnet mir schließlich einen Raum für praktisches geistliches Leben. In der Arbeit übe ich innere Haltungen ein: Geduld, Dienstbereitschaft, Fürsorge, Dankbarkeit ... Nun lerne ich neu Verantwortung und Verlässlichkeit. Ich bin in einen Dienst gestellt. Ich übe, Maß zu halten und die Dinge zu tun, die wichtig sind. In meiner Arbeit gehe ich in eine Schule des Lebens. Es geht um das bewusste Gestalten meines Lebens, um eine Spiritualität, die mich mit beiden Beinen auf den Boden stellt.

Benedikt von Nursia hat das in seiner Regel sehr deutlich gemacht. Arbeit ist ein Test für das Leben insgesamt: Mönche sind nur wirklich dann Mönche, wenn sie von ihrer Hände Arbeit leben. Vielerlei Arbeiten und Dienste regeln das Klosterleben. Haus- und Feldarbeit, Krankenpflege und Gästebewirtung, Sorge um die täglichen Abläufe und besondere Aufgaben für die Gemeinschaft gehören dazu. Die Arbeit in der Gemeinschaft war für damalige Verhältnisse und vor allem für freie Menschen durchaus hart, manchmal sogar so entbehrungsreich, dass die Essensration erhöht werden musste. Benedikt relativiert zugleich das Arbeiten: Die Arbeit soll keinen erdrücken. Dem Gottesdienst soll man nichts vorziehen. In allem soll man Gott verherrlichen. Dann ist Arbeit stets auch ein Kriterium für die Echtheit im geistlichen Leben, und sie prüft die Sehnsucht nach Gott. Mein Arbeitsalltag erweist sich als Gestaltungsmoment spirituellen Lebens. Das ist der eigentliche Anspruch der Arbeit: Dort, wo es nicht danach aussieht, in den alltäglichen Verrichtungen Gottes Gegenwart zu suchen und aus seiner Kraft zu leben. »Mit Christus habe ich heute gearbeitet« – so hat es der Wüstenvater Apollo formuliert (vgl. Apophthegmata 149).

Hören praktisch

Nehmen Sie sich Zeit, um auf Ihr Leben und Ihre Arbeit zu schauen – dies kann ein Arbeitstag sein oder eine bestimmte Erfahrung, eine Entscheidung oder eine Begegnung.

Diese Zeit kann ein kurzes Innehalten sein, auf dem Weg nach Hause, am Morgen oder am Abend, jedenfalls auf eine Art und Weise, durch die Sie bei sich selbst sein können. Manche Menschen üben sich dabei in der Gegenwärtigkeit, manche suchen so das Gebet.

Ihr Leben ist wertvoll. Sie dürfen es so anschauen, wie es ist. Was gelungen ist, nehmen Sie dankbar an, was weniger gut gelungen ist, dürfen Sie getrost so lassen. Folgende Schritte, die sich am Prolog der Benediktsregel orientieren, haben sich dabei als hilfreich erwiesen:

1. **»Höre!« – Ich nehme mir Raum und Zeit, um mich in der Gegenwart einzufinden.**

Einige bewusste Atemzüge können mir helfen, dass ich im Hier und Jetzt ankomme. Wie ich meinen Leib spüre, wie ich fühle und denke, öffnet mir den Raum für mich selbst. Ich höre auf mich.

2. »Auf die Weisung des Meisters.« –
Ich bitte um die Gegenwart Gottes und um Erkenntnis.

Ich vergewissere mich, dass es einen tragenden Grund in meinem Leben gibt. Wenn es mir über die Lippen kommt, formuliere ich ein Gebet, oft in einfachen Worten. »O Gott, komm mir zu Hilfe«, betet man in dieser Situation von alters her. Ich bitte um die Einsicht, dass ich mein Leben nicht vorschnell aburteile, sondern lerne, es mit den Augen Gottes zu sehen.

3. »Nimm an!« –
Ich schaue meine Arbeit so an, wie sie ist.

Meine Wirklichkeit ist immer vielschichtig. Ich lasse meine Arbeit vor meinem inneren Auge vorbeiziehen: Orte und Begegnungen, Ereignisse und Stimmungen, Pläne und Projekte ... All diese Erfahrungen dürfen hochkommen. Ich muss sie nicht schlechtmachen und aburteilen. Ich schaue sie einfach an.

4. »Neige das Ohr deines Herzens.« –
Ich halte inne und unterscheide.

Ich schaue meine Wirklichkeit nochmals von einem anderen Blickwinkel aus an und versuche zu verstehen, was das Ganze meines Lebens in dieser Angelegenheit ist. Was bewegt mich in meinem Inneren? Ich versuche, diese innere Bewegung zu beschreiben, ob sie mich hinbringt oder wegbringt von mir, ob sie konstruktiv ist oder irritierend. Mit den Augen des Glaubens betrachtet, frage ich: Wo spricht hier Gott zu mir? Ich prüfe, wo in meinem Leben Gottes guter Geist am Werke ist und Neues entsteht. Ich darf mit seinem Zuspruch rechnen.

**5. »Vernimm den Zuspruch des Gütigen Vaters.« –
Ich bin dankbar.**

Ich darf mein Leben annehmen. Vieles darin ist gut; dafür bin ich dankbar. Ich kann nochmals Begegnungen und Erfahrungen, meine Arbeit und meinen Alltag Revue passieren lassen und danke für das, was geglückt ist. Aber auch Missglücktes, Hoffnungslosigkeit und fehlenden Mut darf ich an denjenigen zurückgeben, der mein Leben im Letzten trägt.

6. »Und erfülle durch die Tat.« – Ich wage Neues.

Wenn ich gut in Kontakt mit mir bin, dann werde ich mit Mut mein Leben angehen. Es werden Pläne und Visionen, Hoffnungen und Zuversicht in mir lebendig. Darauf darf ich mich getrost einlassen und handeln.

**7. »Mein Sohn«/»Meine Tochter.« –
Ich nehme mein Tun ins Gebet.**

Ich bitte um die Kraft, das, was jetzt angesagt ist, kraftvoll und mit Zuversicht zu tun.

Hören, was mich beschäftigt und was ich wirklich kann. Hin-hören mit dem Herzensohr. Von innen heraus handeln. – Die-se Schritte beschreiben einen spirituellen Weg, den ich an meinem Arbeitsplatz einüben kann. Mit diesen drei Schritten habe ich ein Programm entwickelt, das ich in den folgenden Kapiteln vertiefen werde. Zuerst gehe ich der Frage nach, wie wir auf unsere innere Stimme hören können.

Auf meine innere Stimme hören

Wir alle kennen die Kraft von innen. Auch wenn es uns vielleicht manchmal schwerfällt, sie exakt zu beschreiben, so wissen wir doch: Es gibt die innere Stimme, die uns leitet und die uns in einer Entscheidung Sicherheit gibt. Sie ist das tiefe Gefühl für uns selbst, die Kraft, die unserem Leben Bedeutung verleiht und uns die Vision von dem vermittelt, was wir in unserem Leben erreichen möchten, sie ist unsere ureigene Berufung, der »Code unserer Seele« (Covey 2009, 19).

In jedem von uns schlummert eine Sehnsucht, diese Stimme zu finden und ihr zu folgen. Oft finden wir sie erst in langen, sogar schmerzhaften Entwicklungsprozessen. Es braucht Zeit, bis das, was da im Inneren heranwächst, sich artikuliert und nach außen tritt, bis es unser Handeln verändert. Dann aber wird es sichtbar in unserer Lebensenergie, in unseren Gaben und Stärken, in der Stimme, die uns sagt, was richtig ist, und die uns zum guten Tun ermutigt. Wir sind in Kontakt mit unserer Quelle innerer Sicherheit und Stärke.

Was kennzeichnet Menschen, die auf ihre innere Stimme hören und ihr folgen? Oft sind es Menschen in unserem alltäglichen Umfeld, die uns inspirieren und zu einem gelingenden Leben ermutigen. Ich vergegenwärtige mir einen Mentor, der mich über Jahre hinweg begleitet und animiert hat. Die erste Eigenschaft, die mir in den Sinn kommt, ist seine Gabe, präsent zu sein. Ob ich nun ein Anliegen benenne oder einfach nur eine Überlegung äußere – er ist mit dabei, wendet sich mir zu, versucht, sich in meine Welt hineinzuversetzen. Er gibt einfühlsam wieder, was er verstanden hat, und lässt mir Raum, wenn ich meine Empfindungen klarer darstellen möchte. Seine Antworten sind klar, überlegt und abgewogen. An Schnellschüssen ist er nicht interessiert, ganz offenkundig will er, dass ich meinen Weg finde und mich dabei wohl fühle. Er ist für mich ein Impulsgeber, und er animiert mich zu neuen Ideen. Er kann mich motivieren, dass ich meinen Teil zum Gelingen einer Sache beitragen kann. In der Begegnung mit ihm bin ich mir gewiss: Dieser Mensch hat eine Überzeugung gelingenden Lebens, und er kann diese Kraft auch anderen vermitteln. Ich bewundere an ihm, wie er Verantwortung trägt. Er nimmt seine Aufgaben ernst und arbeitet diszipliniert daran, dass diese Aufgaben auch umgesetzt werden. Er ist fähig, auf das Ganze zu achten.

Menschen, die auf ihre innere Stimme hören und von innen heraus leben, sind diejenigen, die das Wachsen und Gedeihen einer Organisation, einer Familie, eines Gemeinwesens ermöglichen und einen wichtigen Beitrag zum Wohl ihrer Gemeinschaft leisten. Sie wecken positive Energien.

Wenn ich von innen nach außen lebe, kehre ich mein Lebensprogramm um – nicht mehr die Ansprüche und Dringlichkeit der Aufgaben, die im Alltag auf mich einstürmen, stehen im Mittelpunkt, sondern die Aufmerksamkeit auf das, was in mir ist. Wenn ich von außen her lebe, dann bin ich fremdbestimmt. Dann werde ich bewegungsunfähig und zum Opfer der Umstände. Ich gehe von der Annahme aus, dass die anderen für mein Leben verantwortlich seien. Leistungen und Kennzahlen, Betriebsergebnisse und Erfolge stehen im Vordergrund – obwohl ich genau weiß, dass Vertrauen und Sinn, Verantwortung und Zufriedenheit nachhaltiger sind. Erfolg und Glück kommen nicht von außen, sondern von innen, sie sind Ausdruck meiner inneren Stärke.

Die Übung auf der nächsten Seite mag mir helfen, mein Bewusstsein für den Weg nach innen schon am Morgen zu schärfen. Denn so wie wir einen Tag beginnen, so setzen wir ihn oft auch fort. An manchen Tagen stehe ich sprichwörtlich mit dem falschen Bein auf, der Tag misslingt, und ich werde von den äußeren Notwendigkeiten diktiert. Einen solchen Tag erlebe ich wie ein Schlafwandler, ohne Kontakt zu mir. Es kann aber auch andersherum gehen. So wie ich meinen Körper am Morgen pflege, mir die Augen reibe, mich strecke und entspanne und dabei wahrnehme, wie es mir geht, so wie ich meinem Geist Zeit gebe, wach zu werden, so kann ich auch meine Seele pflegen, aufmerksam werden und erspüren, wo das Leben mich anspricht.

Im Hören auf meine innere Stimme werde ich initiativ. Ich nehme eine lebensfreundliche Haltung ein, mit einem offenen Auge für jene Orte, an denen Leben gefährdet ist und an denen es gedeiht.

Und schließlich trägt mich eine Sehnsucht nach Sinn. Ich will einen Beitrag zum Ganzen leisten. Diese Sehnsucht ist tief in meiner Seele verankert – sie verleiht mir innere Kraft und Stärke, sie hilft mir bei der Suche, das Gute und Richtige zu tun, und macht mich bereit, Verantwortung für andere zu übernehmen. Die Früchte dieser Sehnsucht sind Mitgefühl für andere und die Erfahrung von Integrität und innerem Frieden für mich selbst. Diese Kraft ist tief in allem Leben verankert.

Wahrnehmen

Ich atme langsam ein und aus und achte auf mich, so wie ich jetzt bin. Heute will ich dankbar für diesen neuen Tag sein und das Leben, das mir geschenkt wird, annehmen.

Ich höre auf die Stille und achte auf die ersten Laute dieses Tages, lasse mich von diesen natürlichen Geräuschen zur Ruhe führen.

Ich schaue auf meine Hände. Sie drücken aus, dass ich mich heute nicht treiben lassen will, sondern meinen Tag gestalten werde. Was werde ich für mich, was werde ich für andere tun? Mit diesen Händen will ich heute ein Segen sein.

Ich schaue auf mich selbst, so wie ich heute bin: mit meinen Empfindungen und meinem Erleben. Wie fühle ich mich? Welche Gedanken beschäftigen mich?

Ich frage mich: Wie werde ich meine Zeit verbringen? Wem werde ich begegnen? Welche Aufgaben werde ich heute erledigen? Wenn ich heute schlafen gehe: Wofür möchte ich dankbar sein?

Ich überlege in Ruhe, was ich heute gut und sinnstiftend tun will.

Wachstum und Wandel

Der Neurobiologe Gerald Hüther weiß darum, dass das Vertrauen in die innere Kraft des Lebens biologische Wurzeln hat. Um überleben zu können, nehmen wir innere Muster in uns auf, Muster, die sich bereits in der frühen Entwicklung eines Menschen herausbilden und auf allen Ebenen des Lebens – ob in DNA-Sequenzen, in der Zelle oder in der Entwicklung des Gehirns, ob in einfachen Formen des Lebens oder in komplexen sozialen Gebilden – als Grundmatrix des Lebens verankert sind. Leben ist dadurch charakterisiert, dass es immer wieder innere Bilder generiert, sich reproduziert und im Falle von Störungen Veränderungsleistungen hervorruft.

Innere Bilder bestimmen unser Denken, Fühlen und Handeln. Diese inneren Bilder leiten uns. Im Positiven wie auch im Negativen können sie Sicherheit geben oder Angst erzeugen, Leben wecken oder Leben blockieren.

In allem, so Gerald Hüther, wohnt eine schöpferische Kraft, die Leben hervorbringt, schützt und bewegt. Wenn Auseinanderstrebendes zusammengehalten wird und innere Bilder Zusammenhalt ermöglichen, wenn im Miteinander Gemeinschaft und Netzwerke aufgebaut werden und der Austausch von Ideen gelingt, dann liegen diesen Prozessen Grundstrukturen förderlichen Lebens zugrunde.

Leben ist immer auch Veränderung: Alles, was lebt, muss seine inneren Bilder und Strukturen ergänzen, neu ordnen, weiterentwickeln, muss die eigenen Lebensbedingungen kontrollieren, gestalten und verbessern – in den grundlegenden

Stufen des Lebens bis hin zum Zusammenleben der Menschen. Immer wieder passt sich die Organisation des Lebens in seinen körperlichen, emotionalen und geistigen Formen an seine Lebensbedingungen an. Der Aufbau und die Veränderung dieser Muster stellen eine ungeheure Anpassungsleistung dar. Die inneren Bilder sorgen dafür, dass Wachstum und Weiterentwicklung des Lebens geschieht. Als Grundmuster des Lebens können sie sich verhärten und verloren gehen. Sie müssen dort, wo sie beengen, wieder aufgelöst, aufgebrochen und neu gebildet werden.

Durch innere Bilder, die wir annehmen, erzeugen wir Leben, lösen Probleme, bewältigen bedrohliche Situationen, bewahren Wissen und erzeugen Vorstellungen von glückendem Leben. Wir haben eine innere Grundbotschaft des Lebens. Uns trägt »die Lust am Gestalten und nicht zuletzt das Vertrauen und der Mut, das Leben zu lieben« (Hüther 2010, 135).

Was wie ein Ausflug in die Biologie aussieht, entpuppt sich bei näherem Hinsehen als fruchtbarer Ansatz für eine das Leben fördernde Arbeit. Wenn alles Leben im Kern auf Wachstum und Entwicklung ausgelegt ist, dann frage ich mich: Wo trägt meine Arbeit zu Wachstum und Entwicklung bei? Gehe ich achtsam mit den körperlichen Grundlagen meines Lebens um, oder riskiere ich mich in einer meinen Körper und mein Leben schädigenden Weise?

Wenn Leben durch Muster und innere Bilder geprägt ist, dann frage ich mich: Bringen mich diese Bilder in Kontakt zu den Kraftquellen, die mich tragen? Stimmen meine inneren Bilder von gelingender Arbeit, lassen sie mich leben oder blockieren sie mich? Tragen sie dazu bei, dass ich mein Leben als

Ganzes sehe und dass ich mich den vielen lebendig machenden Formen des Lebens verbunden fühle?

»Ich lebe im Fahrstuhl des Lebens«, sagt mir ein Abteilungsleiter, der in einem Energieversorgungsunternehmen tätig ist: »Bisher gab es nur eine Richtung – die nach oben. Nach dem Studium habe ich mich schnell als leitender Ingenieur bewährt. Nach zwei Jahren wurde mein Budget verdoppelt. Das hatte aber seinen Preis: Ich muss immer erreichbar sein, auch im Urlaub meine Mails abrufen. Kopfschmerzen verdränge ich mit Tabletten. Unter siebzig Stunden endet keine Arbeitswoche.« Als er sich für ein paar Tage zurückzieht und innehält, wird ihm seine lebensverhindernde Arbeitsorientierung bewusst. Freunde hat er – wenn überhaupt – nur noch im Unternehmen. Die Regeln und die Muster, die seinen Arbeitsalltag prägen, sind nicht wirklich konstruktiv. Es treibt ihn die Angst, dass er nicht mehr mithalten könne. Eine innere Idee, wie sein Leben aussehen könnte, hat er nicht mehr. Mühsam und in kleinen Schritten entwickeln wir neue innere Bilder und Ideen, um aus dem Fahrstuhl auszusteigen. Er hat sich angewöhnt, einmal in der Woche für eine halbe Stunde im Wald spazieren zu gehen: »Ich lerne, wieder aufmerksam zu sehen, und höre Geräusche, die ich lange nicht mehr wahrgenommen habe. Während ich langsam vor mich hingehe, kann ich wieder in Ruhe nachdenken. Ich lebe noch oft genug im Fahrstuhl, aber jetzt auch manchmal im Spaziergang.«

Leben wecken – das ist nicht nur ein Prinzip, sondern ein ganz praktischer Vorgang. Sichtbar wird dieser Vorgang in der Art und Weise, wie ich mit meinen inneren Regungen umgehe.

Meinem Körper trauen, mit Gedanken und Gefühlen umgehen

Körperempfinden, Gefühle und Gedanken spielen in unserer Wahrnehmung zusammen. Ob mein Herz nun rast oder vor Freude springt, ob eine Situation mir auf den Magen schlägt oder ich entkrampft an eine Sache herangehe – schon die körperliche Empfindung verrät viel von meinem eigenen Erleben: Unbehagen etwa oder Wohlgefühl, Elan, Entspannung. Emotionen steuern uns mehr, als wir denken. Gefühle treiben unser Wollen und Handeln an oder bremsen es, wecken unsere Aufmerksamkeit oder färben die Wahrnehmung und die Einschätzung einer Situation ein. Wenn ich mit negativen Gefühlen an ein Problem herangehe, bin ich mir selbst mein größter Feind.

Gefühle treten spontan auf. Man kann sie kaum beeinflussen, geschweige denn wegdiskutieren. Oft haben sie die Funktion von inneren Hinweisschildern. In diese innere Gestimmtheit schleichen sich Gedanken ein. Diese Gedanken gewinnen an Kraft und werden eigenständig – im Positiven wie auch im Negativen. Über unsere Gedanken können wir uns verständigen und sie in Frage stellen. Ob Körperempfinden, Gefühle oder Gedanken – in einem ersten Schritt ist es hilfreich, diese zu beobachten und anzunehmen.

Sicherlich ist Ihnen die Situation vertraut: Sie sitzen am Schreibtisch und können sich nicht konzentrieren, weil Ihnen ein Konflikt nachgeht. Nun haben Sie zwei Möglichkeiten, mit dieser Störung umzugehen. Sie können sich zum einen noch mehr auf Ihre Arbeit konzentrieren. Dieser Weg führt zunächst zu einem gewissen Erfolg, macht einen aber dann noch mehr nervös. Zum anderen können Sie sich eingestehen, dass dieser Konflikt da ist. Mit dem Akzeptieren der Realität kommt es zu einer Entlastung. Allmählich wird der Konflikt in den Hintergrund treten.

Ähnlich kann ich mit meinen eigenen beunruhigenden und belästigenden Empfindungen und Gedanken umgehen. Ich kann sie in den Vordergrund meines Interesses kehren und mich an ihnen abmühen, oder ich kann mich darin üben, sie einfach zuzulassen.

Ich lade Sie nochmals zu einer Übung ein, die nicht nur auf die Wahrnehmung, sondern auf das innere Erleben gerichtet ist:

Selbstaufmerksamkeit

ÜBUNG

Ich übe mich in Selbstaufmerksamkeit. Für einige Minuten achte ich auf die Geräusche um mich herum: das Ticken der Uhr, den Verkehr von draußen, einen Vogel, die Stimmen und Schritte auf dem Gang, meinen eigenen Atem.

Ich achte auf mich und nehme die Signale meines Körpers wahr.

Ich spüre meinen Herzschlag, ob er erhöht oder gesenkt ist.

Ich achte auf meine Muskeln, ob sie angespannt sind oder entspannt, achte auf die Warnsignale meines Körpers wie einen trockenen Mund, ein flaues Gefühl im Magen, Enge in der Brust oder Verspannungen in den Muskeln.

Ich spüre, ob ich in einem guten Kontakt mit mir bin. Wenn ich ganz bei mir bin, dann schlägt mein Puls ruhiger, mein Atem ist tief, es prickelt mir unter der Haut, meine Muskeln sind entspannt, und ich fühle mich frisch. Dann liegt mir eine Sache sprichwörtlich am Herzen.

Ich achte auf meine Gefühle: Fühle ich mich jetzt sicher und zufrieden? Kann ich gelassen und mit Vertrauen meine Wirklichkeit annehmen?

Ich kann für einige Minuten innehalten und meine Aufmerksamkeit darauf richten, welche Gedankengänge hochkommen. Welche Botschaften gebe ich mir selbst? Was wühlt mich auf, was lässt mich zur Ruhe kommen? Manchmal hilft mir dabei, mir eine Erfahrung – eine Begegnung, eine Situation – möglichst bildhaft und konkret vor Augen zu stellen, sie vor meinem inneren Auge abspielen zu lassen. Menschen, Orte, Erlebnisse und Aktivitäten tauchen auf.

Ich setze mich aktiv mit einer Situation auseinander, anstatt sie zu verdrängen. So lerne ich immer wieder, mit der Wirklichkeit umzugehen.

Wenn ich meine Lebenssituation so akzeptiere, wie sie eben ist, habe ich weniger Druck und fühle mich frei. Ich übernehme Verantwortung für mich. Meinen Körper, meine Gefühle und Gedanken so anzunehmen, wie sie sind, tut gut. Ich werde zufriedener, kann mich leichter neuen Dingen zuwenden. Neue Kräfte werden freigesetzt.

Kraftquellen finden

Kraftquellen, das sind nicht nur Bilder, die aus meinem Herzen kommen. Das sind auch Menschen und Orte, Erinnerungen und Erlebnisse, Aktivitäten meines täglichen Lebens und besondere Projekte, gute Erfahrungen wie auch Beziehungen, die mich tragen. Kraftquellen, das sind meine besonderen Fertigkeiten und Kompetenzen, aber auch kleine, unscheinbare menschliche Fähigkeiten wie etwa die Gabe, mit einer humorvollen Bemerkung eine angespannte Situation zu entschärfen. Kraftquelle ist auch die Fähigkeit, die Initiative zu ergreifen, Verantwortung auf sich zu nehmen, nicht zu zögern, sondern einfach beherzt zu handeln. Kraftquelle ist für mich die Gewissheit, dass mein Tun einen Sinn hat und ich mich deshalb »sinnvoll« engagiere.

Kraft finde ich, wenn ich mir Zeit für mich nehme, mich um mich selbst sorge: Ich achte auf meine Gefühle und meine innere Stimme, schätze die Stärken, die ich in meiner Lebensgeschichte entwickelt habe, und ziehe Kraft aus positiven Erfahrungen in meiner Arbeit. Eine Kraftquelle öffnet sich mir, wenn ich auf die Beziehungen schaue, die mich erfüllen und tragen, auf die Menschen, die mir Orientierung geben, ein offenes Ohr schenken, treue Weggefährtinnen und Weggefährten sind. Kraft finde ich, wenn ich dankbar auf meine Stärken und Fähigkeiten schaue und getröstet meine Grenzen annehmen kann.

Meine Kraftquellen

Ich nehme mir Zeit, um meinen persönlichen Kraftquellen nachzugehen:

→ Welche guten Erfahrungen meines Lebens geben mir Kraft?

→ Welche Kraft schenkenden Zeiten, Orte, Erinnerungen und Erfahrungen werden vor meinem inneren Auge lebendig?

→ Welche Fähigkeiten und Stärken zeichnen mich aus?

→ Für welche persönlichen Erfolge darf ich dankbar sein?

→ Wer trägt mich und gibt mir Mut?

→ Mit wem zusammen möchte ich meine Lebensidee verwirklichen?

Aus der Sicherheit meiner persönlichen Kraftquellen heraus kann ich zuversichtlich nach vorne schauen. Getragen im Heute vertraue ich darauf, dass diese Sicherheit mich auch in Zukunft tragen wird. In dieser kreativen Spannung kann ich meine eigene Vision vor mein inneres Auge stellen und diese formulieren – positiv und klar, mit inneren Bildern, verbunden mit einer Vorstellung, wie und mit welchen Menschen ich diese Vision erreichen will. Habe ich meine Vision gefunden und bejaht, dann werde ich mich auch für deren Umsetzung engagieren. Ich finde meine Mission, durch die ich eine Lebensidee praktisch erfülle. Ich nutze meine Ressourcen, um meine Werte und Ziele zu verwirklichen.

»Ich möchte in Offenheit und im Dialog das neue Pflegeverfahren einführen«, schildert mir eine Pflegedienstleiterin ihre Absicht. Leicht ist diese Haltung den Mitarbeiterinnen und Mitarbeitern nicht zu vermitteln. Zu oft hat man schon von Mitarbeiterbeteiligung gesprochen, aber in Wirklichkeit nur die Kosten reduziert und die Belastung erhöht. So fängt die Pflegedienstleiterin die Umsetzung ihrer Vision mit kleinen Schritten an, indem sie ihre Erwartungen und einen für alle erwünschten Zustand beschreibt, die Pflegenden nach ihren Schwierigkeiten im Arbeitsalltag befragt und in einem offenen Diskussionsprozess gemeinsam Lösungen erarbeitet und über einen Qualitätszirkel Verbesserungen einholt.

Innere Ruhe im Tun

Die folgende Geschichte bringt mir abschließend nahe, dass die innere Ruhe ein notwendiges Gegengewicht zur Arbeit ist. Sie erzählt von einigen arbeitsamen Menschen:

Drei Mühenliebhaber waren Freunde. Sie wurden Mönche, und jeder nahm sich ein gutes Werk vor. Der eine zog es vor, Streitende zu befrieden nach dem Wort: Selig die Friedensstifter. Der zweite ging, die Kranken zu betreuen. Der dritte ging in die Wüste, zu ruhen.

Der erste nun plagte sich mit den Streitereien der Menschen ab, konnte nicht alle heilen und fiel in den Überdruss.

Er ging zu dem, der den Kranken half, und fand auch ihn in gedrückter Stimmung, denn er konnte sein Vorhaben nicht durchführen.

Die beiden beschlossen hinzugehen, um den zu sehen, der die Ruhe pflegte. Sie erzählten ihm ihre Bedrückung und baten ihn, ihnen zu sagen, was richtigzustellen sei.

Und er schwieg eine Weile, gab Wasser in einen Krug und sprach zu ihnen: Beobachtet das Wasser – es war noch ganz aufgewühlt.

Und nach einer Weile sprach er wieder zu ihnen: Und beobachtet jetzt, wie das Wasser sich gelegt hat. Und wie sie das Wasser beobachteten, sahen sie wie in einem Spiegel ihre Gesichter, und er sprach zu ihnen: So ist es auch, wenn einer inmitten der Menschen ist: Er sieht wegen des Durcheinanders seine Sünden nicht, wenn er aber ruht (...), dann sieht er seine Fehler.

VGL. APOPHTHEGMATA 987

Die Geschichte macht deutlich: Eine Tätigkeit, die nur auf Aktivismus beruht, kann mich in den Überdruss bringen. Ich werde in meiner Arbeit nicht glücklich. Es braucht das Gegengewicht: dass ich mit mir selbst in Kontakt komme, auf mich höre und meine innere Stimme wahrnehme. Das muss ich üben.

Wer in Kontakt mit seinem Innersten kommt, findet nicht nur die innere Stimme. Er findet auch seine wahre Berufung. Er stellt sich der Tiefe und Weite seines Lebens, die sein Inneres übersteigt, es festigt und begründet. Je tiefer ein Mensch mit seiner Berufung, dem wahren Bild seiner selbst, in Berührung kommt, desto mehr geht ihm auf, dass er dieses Bild gar nicht selbst entwickelt hat. Er hört das Wort der inneren Stimme, das im Grund seiner selbst spricht und ihm zugleich zugesprochen ist. Dort spürt er die Verbundenheit mit dem ganzen Leben, die ihn wahrhaft zu ihm selbst führt. Dort spürt er die Verwurzelung in das Leben, die ihm wahres Einssein und Frieden schenkt. Dort spürt er die Kraft, sein Leben zu verantworten und zu gestalten. Daher lohnt es sich, die innere Stimme immer wieder zu suchen und mit ihr im Gespräch zu bleiben. Manche Menschen erfahren dieses Gespräch als Gebet.

Ruhelos und angetrieben

Kraft von innen schöpfen, das ist meine Vision. Je mehr ich mich um innere Ruhe bemühe, desto mehr entdecke ich, dass nicht nur die äußeren Belastungen und die Hetze des Alltags mich von mir wegbringen, sondern auch destruktive innere Kräfte, die »Fehler«, von denen die Wüstenväter sprachen: Ich setze mir zu hohe Ansprüche. Es gibt die inneren Antreiber, die mich von mir wegbringen, und die unheilvollen Gegenkräfte, die mich am Hinhören hindern. Ich muss meine inneren Störenfriede kennen.

Ich erlebe einen Mitarbeiter, der in der Arbeit Ruhelosigkeit verbreitet. Überstunden und Mehrarbeit sind für ihn kein Problem. Eine Aufgabe ablehnen – das kennt er nicht. Anstrengung und Leistung sind für ihn alles. Persönliche Grenzen und gesundheitliche Probleme überspielt er. Selbst in Zeiten der Erschöpfung treibt er sich in blinder Arbeitswut an. Er findet keinen Raum mehr, um von seinem Tun abzulassen und über seine Beweggründe nachzudenken. Er kann nicht mehr Abstand von sich selbst finden. Es ist, als hätte eine fremde Macht von ihm Besitz ergriffen. Diese Kraft treibt ihn an und lässt ihn selbstzerstörerisch und fremdbestimmt agieren.

Ein solcher Mensch erinnert mich an eine Geschichte, die uns Johannes Cassian – der Mönch, der das östliche Mönchtum in unseren Kulturkreis brachte – erzählt. Er spricht darin von ruheloser Anstrengung als Seelenkrankheit. Diese Unruhe wird von einem Antreiber ausgelöst, den er selbst einen Teufel nennt:

Ein bewährter Altvater kam an der Zelle eines Bruders vorbei. Dieser litt an der Seelenkrankheit, nämlich dass er sich rast- und ruhelos und Tag für Tag in qualvoller Anstrengung abmühte, überflüssige Dinge zu erwerben und zuzubereiten.

Der Altvater beobachtete schon von fern, wie dieser mit einem schweren Hammer einen harten Felsbrocken zertrümmerte. Zugleich sah er eine schwarze Gestalt bei ihm stehen, die ihre Hände mit denen des Mönches eng verflocht, ihm die Schläge des Hammers führte und ihn voller Feuereifer zu noch größerer Anstrengung antrieb.

Der Altvater blieb lange stehen und staunte über das Drängen des grausamen Dämons und den Trug des inneren Wahns. Denn als der Bruder, durch die allzu große Anstrengung erschöpft, sich ausruhen und seine Arbeit beenden wollte, wurde er, durch jenen Geist angestachelt und ermutigt, wieder den Hammer aufzunehmen, und dazu gedrängt, nicht vom Eifer des begonnenen Werkes abzulassen. So blieb dieser durch den gewaltsamen Antrieb unermüdlich dabei und spürte die Beschwerlichkeit der ganzen Arbeit nicht.

Schließlich kehrte der Altvater, durch den grausamen Spott des Dämons heftig bewegt, in die Zelle des Bruders ein, grüßte ihn und sprach: »Was ist das für eine Arbeit, die du da tust?«

Jener antwortete: »Wir arbeiten uns ab gegen diesen harten Stein und konnten ihn kaum zerstoßen.«

Darauf der Altvater: »Richtig sagst du ›wir konnten‹. Denn du warst nicht allein, als du drauflosge-

schlagen hast, sondern es war ein anderer mit dir, den
du nicht gesehen hast. Der stand dir bei dieser Arbeit
nicht als Helfer, sondern als der grausamste Hetzer
zur Seite.«

JOHANNES CASSIAN, UNTERREDUNGEN 9,6

(Eigene Übersetzung)

Ich kann mir richtig vorstellen, wie der Bruder angetrieben und verführt schuftet. Er kommt nicht zur Ruhe. Sein Herz pocht. Ich kann förmlich spüren, wie schwer der Stein für ihn ist und wie hart er den Hammer aufschlägt. Er fordert seine Körperkräfte über Gebühr heraus, arbeitet bis zur Erschöpfung. Selbst wenn er einmal eine Pause bräuchte, kann er nicht aufhören. Er hat kein Maß mehr. Es treibt ihn an, nochmals ein Stück vom Stein abzuschlagen. Vom Feuereifer getrieben, verbrennt er, ohne wirklich etwas zu schaffen. Weil dieser Eifer ganz aus ihm selbst kommt, merkt er gar nicht, wann die Grenze erreicht ist. Das Gespür für Beschwerlichkeit und Mühe ist ihm abhandengekommen. Er kommt nicht mehr aus der Tretmühle des Schuftens heraus. Tagtäglich – ohne Ruhetag und ohne Sabbatzeit – müht er sich für überflüssige Belange ab.

Je mehr ich diese Vorstellung an mich heranlasse, desto mehr merke ich: Der Bruder, den ich beobachte, bin oft genug ich selbst.

Neues vom Hetzer

Die Alten beschreiben dieses Vielbeschäftigtsein als Seelenkrankheit, unablässig dem Erwerb überflüssiger Dinge, der Verrichtung nicht notwendiger Geschäfte und dem Wahn, wir könnten die Arbeit ganz aus eigener Kraft leisten, nachzugeben. Die tägliche Anstrengung, die zu nichts führt, wird plastisch beschrieben. Man beißt sich an der vergeblichen Arbeit die Zähne aus. Man wird angetrieben und kommt aus der Tretmühle gar nicht mehr heraus. Innerlich aufgewühlt, merkt man gar nicht, wie unkonzentriert und müde man ist.

Mehr noch als alle harte Arbeit sind die Motive ausschlaggebend, die zur Überlastung und Entfremdung führen: maßlose Leistungsbereitschaft etwa, Geltungsbedürfnis, blinder Ehrgeiz, fehlgeleitete Schaffenskraft oder auch der Wunsch, »es den anderen zu zeigen«. Ruhelos geworden ist einem der Lebenssinn abhandengekommen. Müdigkeit und Erschöpfung sind das Ergebnis.

»Ich kann gar nicht mehr abschalten«, sagt mir eine Bekannte nachdenklich: »Meine Arbeit frisst mich auf. Dabei weiß ich genau, was mich antreibt und von mir selbst wegbringt. Ich bin ungeduldig geworden, will immer sofort zum Punkt kommen. Die Dinge müssen schnell erledigt werden. Ich kann gar nicht bei der Sache bleiben und bin unkonzentriert. Ich bin sprunghaft geworden, weil ich immer mehrere Projekte vorantreibe. Schon kleinste Irritationen bringen mich aus dem Gleichgewicht. Ich bin unausstehlich geworden. Mein Leben hat keine innere Ordnung mehr, und so unaufgeräumt sieht es auch auf meinem Schreibtisch aus. Ich bin vielbeschäftigt, aber ich habe nicht das Gefühl, etwas zu erreichen. Stundenlang hänge ich am Computer herum. Ich bin nicht mehr bei mir.«

Kennen Sie diese Seelenkrankheit, die durch falsches Arbeiten entsteht? Kennen Sie das Unwohlsein an der Arbeit, jene Grundstimmung, die entsteht, wenn man sich über die Maßen anstrengt und trotzdem keinen Sinn in der Arbeit entdeckt?

Der von einem falschen Arbeitsgeist Besessene gerät in eine Fehlhaltung hinein. Er hat kein Maß mehr. Er hat den Bezug zur Realität verloren und gibt sich falschen Illusionen hin. Er verliert seine Ruhe und findet nicht mehr zur Leichtigkeit zurück. Einmal angesteckt, merkt er gar nicht mehr, in wie vielen Alltagssituationen er die innere Ruhe verliert: Er ist eifersüchtig, weil die anderen einfach besser sind. Kränkungen, Enttäuschungen, Verletzungen, ungerechte Behandlungen und Benachteiligung treffen ihn tief im Herzen.

Die Angst vor Misserfolg nimmt ihm die Gelassenheit. Kritik kann bei ihm nicht mehr ankommen. Seine Arbeit wird schwer, sinnlos und verwirrend. Er ist nicht mehr in Kontakt mit sich. Sein Herz und Geist sind nicht mehr in Einklang. Er erkennt nicht mehr, wo seine Arbeit einen Sinn hat und zum Wohl anderer beiträgt. Er ist instrumentalisiert, angetrieben von der Notwendigkeit, die Geschäfte am Laufen zu halten und seine Aufgaben zu erfüllen. Er hat kein Gefühl mehr dafür, was ihn wirklich bewegt. Das Ergebnis: Er strengt sich über die Maßen an, ohne das Ganze zu sehen.

Cassian zögert nicht, diese Wut am Arbeiten in allen Facetten zu beschreiben: als Anreiz, Anstachelung und Antreiber. So wie der ruhelose Bruder sieht und merkt man gar nicht mehr, wie das personifizierte Böse einen antreibt. Der Gegenspieler des Bruders ist fast eins mit ihm, er führt ihn an der Hand und gibt den Ton an. Er bedrängt ihn mehr und mehr: »Du musst etwas leisten. Wenn du aufhörst, dann wirst du scheitern. Du wirst keinen Erfolg haben, wenn du nicht weitermachst. Immer mehr, das muss deine Devise sein ...« Der grausame Hetzer treibt ihn immer wieder an. Weil der Bruder keine Ruhe hat, findet er auch keinen Grund in seinem Leben mehr.

Innere Antreiber

Den Hetzer, der in unserer Geschichte als Person gesehen wird, kann ich auch als Ausdruck falsch verstandener Motive in mir verstehen. Denn wir haben unsere eigenen Lebensregeln – auch solche, die die innere Unruhe fördern: »Das bekommen wir hin!« – »Noch fünf Minuten! Nutze sie!« – »Wann bist du endlich fertig?« – »Das schaffst du nie!« – »Reiß dich zusammen!« – »Tu was, sei nicht so faul.« Und im Arbeitsalltag: »Ich habe die Verantwortung für meine Mitarbeiterinnen und Mitarbeiter.« – »Wir haben noch Erwartungen zu erfüllen, denn wenn es leicht wird, dann geht es bergab.« – »Ständig jammern hilft nicht; packen wir's an!« – »Erst die Arbeit, dann das Vergnügen.«

In diesen oder ähnlichen Redewendungen kommt unser innerer Antreiber zum Ausdruck.

Lebensregeln als Antreiber

Notieren Sie sich jene Lebensregeln, die Ihnen von Kindheit an beigebracht wurden und die Sie verinnerlicht haben.

➡ Wo sind diese Sätze hilfreich, wo beeinträchtigen diese Ihr Leben?

➡ Welche treiben Sie in Ihrer Arbeit an?

Wer kennt sie nicht? Diese Leitsätze und Spielregeln, Ermahnungen und Erwartungen, Appelle und Anordnungen, die wir von früher Kindheit an gelernt und in uns aufgenommen haben. Diese Sätze haben etwas Hilfreiches. Sie prägen die Lebensorientierung, schärfen die Überzeugungen von dem, was wichtig oder unwichtig, wahr oder falsch, wünschenswert oder nicht erstrebenswert, sinnvoll oder weniger sinnvoll ist. Sie spiegeln bewährte Lebenserfahrungen wider. Mit diesen Regeln finden wir uns leichter im privaten wie beruflichen Alltag zurecht.

Solche hilfreichen Sätze können sein: »Ich finde immer wieder meine Orientierung im Leben.« – »Ich vertraue darauf, dass es auch in schwierigen Situationen Lösungen gibt.« – »Das Leben meint es gut mit mir.«

Wenn aber Leitsätze negativ sind und übermächtig werden, wenn sie sich verselbstständigen, dann behindern und blockieren sie uns. Dann kommen diese Sätze immer wieder als destruktive und unpassende Selbstaufforderung auf uns zu und schaden uns. Dann sind sie zu inneren Antreibern geworden, die uns unsere eigenen Möglichkeiten nehmen und unseren eigenen Bedürfnissen zuwider sind. Wir leiden.

Neben den persönlichen Antreibern gibt es noch ganz andere Antreiber, die in unserer Leistungsgesellschaft unhinterfragt sind und dort für ein hohes Ansehen sorgen. Da ist der Wunsch nach Erfolg, der zu immer höheren Ansprüchen führt: »Nur das, was du leistest, bringt dich weiter.« – »Es ist gut, wenn du Karriere machst; deshalb darfst du keine Fehler machen.« – »Perfektionismus ist deine Tugend.«

Da ist der Wunsch, es allen recht zu machen: »Suche Zugehörigkeit, Anerkennung, Liebe!« – »Sei stets hilfsbereit und nimm immer Rücksicht auf die Bedürfnisse der anderen, denn Rücksichtnahme und bedingungslose Fürsorge sind deine Tugend.« Da ist der Wunsch, die Kontrolle zu behalten: »Achte darauf, dass du keine Fehler machst und den Überblick behältst.« – »Wenn Gefahr droht, gehe kein Risiko ein.« – »Vorsicht ist die Mutter aller Tugenden.«

Da ist der Wunsch, sich wichtig zu nehmen. Wer sich mit Status schmücken kann, hat Einfluss, Macht und Ansehen. Da ist der Wunsch nach Unabhängigkeit und Freiheit; Autonomie und Selbstbestimmung zählen. »Lass dir nicht helfen.« – »Zeige keine Schwächen. Denn deine Tugenden sind Unabhängigkeit und Stärke.« Da ist der Wunsch ... Diese Liste ließe sich noch fortsetzen, und immer wieder würde man auf ein

Ethos des pausenlosen Sich-Mühens stoßen, ein Programm, durch das man angetrieben wird und sich selbst dabei verliert.

Wünsche als Antreiber

Nehmen Sie sich nochmals Zeit, um diese gesellschaftlich legitimierten Antreiber in Ihrem persönlichen Lebensumfeld anzuschauen:

Den Wunsch nach Erfolg; den Wunsch, es allen recht machen wollen; den Wunsch, Kontrolle zu behalten; den Wunsch, wichtig genommen zu werden oder unabhängig zu bleiben ...

→ Welche Antreiber lassen Ihnen keine Ruhe?

Die Folgen inneren Angetriebenseins behindern mein Leben im Alltag: Mein Blick verengt sich, mein Handeln wird beeinträchtigt. Meine Aufmerksamkeit richtet sich auf die Probleme und Belastungen. Ich traue es mir nicht mehr zu, meine Situation zu verändern. Mich treibt die Angst. Ich fühle mich als Opfer der Umstände. Meine Aufmerksamkeit für mich selbst ist eingeengt – so wie die des rastlos arbeitenden Bruders.

Einen anderen Blickwinkel einnehmen lernen

Ich wage nun das Experiment, mich mit dem bewährten Alten aus Johannes Cassians Erzählung zu identifizieren, denn es gibt auch heilende Gegenstimmen in mir. Der Alte beobachtet. Aus der Distanz heraus nimmt er wahr, was den Bruder antreibt und zerstört. Mit einem Blick sieht er die zerstörerische Kraft am Werk. Er schaut genau hin, wie der Bruder nicht mehr aus der Tretmühle herauskommt. Der Alte stellt seine Frage: »Was tust du da?« So macht er nachdenklich. Er unterbricht den Trott, hält das Räderwerk an. Ist das, was seinen Bruder antreibt, überhaupt noch sinnvoll? So provoziert er die Antwort des Bruders, eine Antwort, die schon die Wahrheit bereithält. »Mir lässt mein Antreiber keine Ruhe mehr.«

Der Alte bestätigt die Wirklichkeit: »Du bist schon selbst auf der richtigen Spur. Sieh ihn doch an, deinen grausamen Hetzer.« Mehr braucht er nicht zu tun. Dem Alten sind die destruktiven Kräfte nicht verborgen. »Was ist das für eine Arbeit, die du da machst?« Diese Frage kann ich auch mir selbst stellen. Wie gehe ich mit meinen inneren Kräften um? Wo mühe ich mich im blinden Eifer ab? Welche Kräfte treiben mich an? Welche sind konstruktiv, welche destruktiv? Was will ich erreichen? Wer kann mir mein Helfer sein?

Die Wirklichkeit an sich gibt es nicht, auch wenn wir in belastenden und stressigen Situationen zu einer bestimmten Sicht der Dinge tendieren. Unsere Stimmung und unsere aktuelle Befindlichkeit, Vorerfahrungen und eingeübte Denkmuster, Vorurteile und verfestigte Anschauungen lassen uns die Wirklichkeit mit einem bestimmten Blick sehen.

Ich begleite ein Team. Zwei Teammitglieder halten sich gegenseitig ihre Vorurteile vor. Ich kann im Konflikt nicht vermitteln, so festgefahren sind sie in ihren Meinungen übereinander. Nun fordere ich sie auf, sich in allen Farben den schlimmsten Verlauf des Konfliktes zu schildern. Was würde passieren, wenn sie sich den Tod wünschten und alles dazu tun würden, sich gegenseitig in den Abgrund zu ziehen? Sie fangen an, entwickeln Phantasien und Strategien ... doch plötzlich fängt einer der Beteiligten zu schmunzeln an: »So schlimm ist es wirklich nicht mit uns. Wir mögen uns vielleicht nicht, aber unsere Arbeit schätzen wir schon.« Mit diesem differenzierteren Blick können wir in der Folge erste Lösungen entwickeln, wie die beiden besser miteinander auskommen können.

Das Szenario verdeutlicht: Wir können die Perspektiven erweitern, die Dinge anders sehen und so die Wirklichkeit tiefer verstehen. Festgefahrene Denkmuster, liebgewordene Gedankengänge wie auch Vorerfahrungen blockieren uns in schwierigen Situationen. Wir kommen so nicht mehr weiter.

Wie wir an eine Sache herangehen, prägt unsere Sicht der Wirklichkeit. Unsere Aufmerksamkeit, unser Denken und unsere Wahrnehmung sind gelenkt, bestimmen unser Handeln und schließen andere Möglichkeiten aus. Nicht förderliche Anschauungen und Haltungen beeinträchtigen uns, erschweren es, eine Situation konstruktiv anzugehen. Wir können aber unser Verständnis der Wirklichkeit erweitern, indem wir Alternativen durchspielen, neue Hypothesen zu einer Wirklichkeit bilden, uns mit wacher Neugier und ohne

Denkverbot einer Frage nähern und dabei Lösungen zulassen, die unkonventionell und auf den ersten Blick sogar unrealistisch sind.

Der erweiterte Blick auf die Wirklichkeit trägt dazu bei, verhärtete Situationen aufzuweichen. Im Abwägen verschiedener Möglichkeiten können sich neue Lösungswege auftun. Wir können zu einer positiveren Sicht der Dinge kommen und das sprichwörtliche halbleere Glas wieder halbvoll sehen. Ich lerne, dass die Wirklichkeit verschiedene Seiten hat, verallgemeinere meine eigene, oft begrenzte Sichtweise nicht, sondern relativiere sie.

Ich kann einem negativen Gedanken oder Gefühl eine positive Gegenrede entgegensetzen. Eine solche Rede, die ich mir innerlich vergegenwärtige, muss aber bestimmten Kriterien genügen: Sie muss positiv sein; sie beschreibt, was ich konkret tun werde; sie ist realistisch und findet in unmittelbarer Zukunft statt.

Schon die Wüstenväter kannten diese Methode der Selbstinstruktion, indem sie einem aufwühlenden Gedanken oder einer innere Unruhe stiftenden Emotion eine heilende Gegenrede entgegensetzten. Oft war dies ein Psalmwort. »Hier will ich wohnen, Du hast es gewollt« (Psalm 132,14) – das ist die Einrede für Situationen, in denen ich am liebsten aufgeben möchte. »O Gott, komm mir zu Hilfe, Herr, eile mir zu helfen« (Psalm 70,2) – diese Einrede ist für eine schwierige Situation hilfreich, in der mir vor Ratlosigkeit die Worte fehlen.

So gibt es ein Gegenprogramm gegen das Gedrängt-Sein. Ich erlaube mir, mich nicht antreiben zu lassen. Dem Perfektionismus steht die Fehlerfreundlichkeit als Korrektiv zur

Seite, der Hilfsbereitschaft die Fürsorge für mich selbst, der Unabhängigkeit das Bedürfnis, mich auch einmal anlehnen zu können, der Eigenverantwortlichkeit der Mut, mich auf andere zu verlassen. Ich darf mir auch helfen lassen. Ich darf, ja ich will auch einmal »Nein« zu meinen inneren Antreibern sagen.

Annehmen oder ändern?

Wenn ich heilende Gegenrede übe, dann lasse ich Unterscheidung zu. Es gibt Situationen, die in mir Leben wecken, und Situationen, die mich im Leben behindern. In meiner Arbeit kann ich manches ändern und anderes nicht. Ich stehe in Situationen, in denen es darum geht, dass ich sie einfach annehmen lerne: Termine bei einem Jahresabschluss etwa, ökonomische Zwänge, Kolleginnen und Kollegen, mit denen ich nicht gut zurechtkomme, ein Projekt, in dem ich meine Aufgaben stupide abarbeiten muss.

Wo kann ich etwas ändern, wo muss ich es als unabänderlich annehmen? Es gibt Kriterien, um festzustellen, ob sich Veränderung lohnt oder nicht. Wenn ich mir gewiss bin, dass dieses Projekt mein Engagement wert ist, wenn ich weiß, dass ich dem Ganzen diene, wenn ich Trost und inneren Frieden erfahre, statt ungeduldig und unzufrieden zu sein – dann macht Veränderung Sinn.

Manchmal werde ich entdecken, dass es besser ist, mit dem Unvermeidbaren zu kooperieren und mehr Gelassenheit zu lernen. Manchmal aber werde ich die Situation ändern.

Indem ich eine Herausforderung mit ungeteilter Aufmerksamkeit wahrnehme, werde ich darin meine Gabe und meine Aufgabe, mich selbst und meine Verantwortung entdecken.

»Was tust du da?« Diese Frage aus Johannes Cassians Erzählung führt mich zu mir selbst. Ich werde herausgefordert, mich zu beobachten und mir selbst, meinem Körper und meinen Gefühlen zu trauen. Oft trägt meine eigene, innere Einstellung entscheidend zur Ruhelosigkeit bei. Die innere Unruhe, auf die mich Johannes Cassian bringt, lenkt zugleich meine Aufmerksamkeit auf sein Gegenprogramm: dass ich nämlich wieder selbst zur inneren Ruhe finde.

Ich will, dass ich selbst wieder ganz Auge und Ohr bin, dass ich Abstand suche, mich in meinem Denken und Fühlen nicht einseitig belegen lasse. Ich will, dass mein Wollen mich nicht mehr blockiert, sondern frei macht.

Arbeit ist ein probates Mittel auf diesem Weg, denn sie bewahrt mich vor Ablenkung und hilft mir, meine Kräfte richtig einzusetzen. Sie hilft mir, die flüchtigen Regungen des Herzens und das Schwanken der Gedanken an die Realität zurückzubinden, wie Johannes Cassian betont. So halte ich stand, konfrontiere mich mit mir und finde mich neu. Ich muss mich üben, diese Sicht auf die Wirklichkeit immer wieder einzunehmen. Ich lerne dabei, mich selbst immer wieder neu einzuschätzen. Ich lerne es, mich mit meinen negativen Seiten anzunehmen und mit meinen beengten Sichtweisen verantwortungsvoller umzugehen.

Ich lerne es – oft mühsam –, dass ich mit meinen Meinungen und inneren Haltungen in Einklang kommen kann, und nehme meine Eigenschaften und Gewohnheiten an. Selbstachtung wird zum Weg, mir selbst liebevoll zu begegnen. Ich bin so und muss nicht anders sein, gerade auch im Alltag. Ich muss nicht perfekt sein, sondern darf der sein, der ich bin – auch mit meinen Grenzen. Dann komme ich mit mir selbst in Berührung. Oder wie es die Wüstenväter sagen: »Wenn du ein Herz hast, dann wirst du gerettet werden.« (Apophthegmata 771)

Schale, nicht Rohr

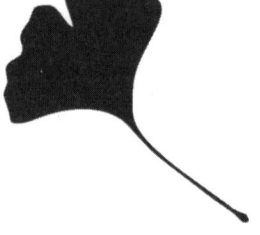

*B*ernhard von Clairvaux war im 12. Jahrhundert ein vielbeschäftigter Mann. Er reist durch ganz Europa, reformiert Kirche und Klöster, beeinflusst Konzilien und Päpste, greift predigend in die Geschehnisse seiner Zeit ein. Nicht immer ist er ausgeglichen. Nicht immer ist er zufrieden. »Ich bin wütend über all die Dinge, die mich beanspruchen«, schreibt er in einem Brief. Er stöhnt über die »verfluchten Beschäftigungen, die dem Herzen die Gottesfurcht und die Aufgeschlossenheit für die Menschen rauben« (zit. n. Schellenberger 1982, 11). Er klagt, dass sich sein Herz verhärten könne. Er drückt seine Sorge darüber aus, dass er in der Geschäftigkeit seine innere Mitte verlieren könnte. Und dennoch gibt er nicht auf, sondern sieht in dieser Situation eine spirituelle Herausforderung:

Wenn du weise bist, wirst du dich ... als Schale, nicht als Rohr erweisen. Das Rohr nimmt fast zur gleichen Zeit auf und ergießt wieder, was es aufgenommen hat; die Schale aber wartet, bis sie voll ist, und gibt so, was überfließt, ohne eigenen Verlust weiter.

PREDIGT 18

Das Bild spricht für sich. Wie ein Rohr bin ich, wenn ich bei einem Telefonat nur flüchtig hinhöre und mir dabei Notizen zu einem anderen Vorgang mache. Ich bin wie ein Rohr, wenn ich eine Aufgabe nicht durchdenke, sondern diese möglichst schnell von meinem Schreibtisch haben will. Ich arbeite zwei Aufträge gleichzeitig ab, ohne mich auf eine Sache zu konzentrieren. Ich bleibe im Aktivismus verhaftet. Meine Mühen verpuffen. Ich spüre mein Inneres nicht mehr. Es fällt mir schwer, Einfühlsamkeit und Menschlichkeit in mir zu bewahren. Anderen Menschen gegenüber kann ich nicht mehr offen sein. Sobald ich zur Ruhe komme, fangen meine Gedanken an zu kreisen. Alltagssorgen und Überlegungen gehen mir durch den Kopf. Ich spule vielerlei Dinge ab. Gefühle kommen ungeordnet hoch, Interessen und Bedürfnisse treiben mich hin und her. Mir wird bewusst, wie zwiespältig und inkonsequent manche meiner Haltungen und Handlungen sind.

Manchmal ist mein Wollen selbstbezogen. Mein Herz ist nicht frei. Bernhard selbst führt eine Reihe von Gründen an, durch die ich mich selbst blockiere: Ich mache mich von der Zuneigung anderer abhängig. Ich bin von Angst gelähmt, durch Traurigkeit verwirrt, vom Wunsch nach Anerkennung getrieben, vom Ehrgeiz angestachelt. Verdächtigung beunruhigt, Sorgen quälen, Eifersucht und Neid lassen keine Entwicklung zu. So bin ich nicht offen, werde zum Rohr. Dann kann es nicht wundern, dass ich sogar dem Wirken Gottes gegenüber gleichgültig werde, auch religiös nur noch funktioniere. Mit ironischem Ton nimmt Bernhard die »Rohre« seiner Zeit in den Blick – auf Macht versessene Prälaten, besserwisserische Theologen und Menschen vereinnahmende Kirchenleute – und schreibt sich selbst – er ist ja ein lehrender und mächtiger Kirchenmann! – Selbstkontrolle ins Stammbuch:

Wirklich, »Rohre« haben wir in der Kirche in gro-
ßer Zahl, aber nur sehr wenige »Schalen«. So groß ist
die Liebe derer, durch die der himmlische Strom zu
uns fließt, dass sie eher ergießen als aufnehmen wol-
len, dass sie bereitwilliger sind zu reden als zu hören,
dass sie schnell zur Hand sind zu lehren, was sie nicht
gelernt haben, und danach verlangen, eine führende
Stellung zu bekleiden, auch wenn sie nicht verstehen,
sich selbst zu lenken.

PREDIGT 18

Es geht Bernhard nicht um Spott, sondern um Aufmerksamkeit für die eigene Gefährdung. Wenn ich wie ein Rohr bin,
dann baue ich auf Äußerlichkeiten auf und nicht auf mich
selbst. Bernhard will dafür sensibel machen, wo wir unbe-
dacht und überheblich agieren, wo wir unsere Macht zur
Schau stellen und missbrauchen. Er sucht Integrität: die Fähigkeit, hinzuhören, sich selbst zu lenken und authentisch zu
leben – und bringt hierfür die Schale ins Spiel.

Ich kann auch dieses Bild mit Erfahrungen aus meinem
Alltag füllen: Es gelingt mir, einer Kollegin offen zu begegnen. An ihrem Gesichtsausdruck merke ich, dass etwas nicht
stimmt. Ich spreche sie an. Sie erzählt von einem Konflikt, der
sie belastet. Zum ersten Mal kann sie ihre Gefühle äußern;
während sie dies tut, wird sie freier. Wie eine Schale zu sein
heißt, mich zu öffnen und bereit zu sein ...

Den Geist eingießen und ausgießen lassen

Eine Schale signalisiert Empfangen und Sich-Füllen, aber auch Ausschenken. Bernhards Absicht geht daher tiefer. Er fragt, was uns in unserem Inneren erfüllt. Er prüft, welcher Geist in uns ist und in unserem Tun zum Tragen kommt. Und so ist ihm die innere Erfahrung wichtig: die Erfahrung des Geistes in einer Doppelbewegung, die er »Eingießung« und »Ausgießung« nennt.

Uns selbst sind vom Geist Tugenden eingegossen: Zuversicht und Mut, innere Stärke, Vertrauen in andere, die Kraft im Glauben und andere mehr. Wir selbst brauchen diese Gaben Gottes, um leben zu können. Die Schale, meine innere Schale, soll gefüllt werden.

Bernhard schlägt hierfür eine Reihe von Schritten vor: mich vor Gott hinstellen, mich beherrschen und ein maßvolles Leben führen, dankbar für meine Gaben sein, gute Werke tun, beten und schließlich aus einem geprüften Geist heraus den Alltag gestalten. Diese Erfahrungen schafft der Geist in seiner Eingießung. Aus dieser vom Geist eingegossenen Lebenskraft heraus können wir ausgießen: anderen Einsicht in den Sinn ihres Lebens vermitteln, Lebensperspektiven eröffnen, tatkräftig helfen und für andere da sein. Wir haben diese Gaben, damit sie dem Nächsten dienen. Die Tugenden empfangen wir für uns, die Gaben für die Unseren.

Was ist für mich, was für andere? Bernhard ermutigt, sorgsam zwischen Eingießung und Ausgießung zu unterscheiden, darauf zu achten, welche inneren Stärken mir zum Wohl geschenkt sind und welche Kompetenzen anderen dienen. Ich darf das Charisma für andere nicht bei mir lassen, aber das, was mich selbst erfüllt, auch nicht vorschnell vergeuden.

Wenn ich nur halb voll bin und schon austeile, betrüge ich mich selbst. Gebe ich zu früh, dann handle ich meist aus unlauteren Motiven: aus Geltungsbedürfnis etwa oder aus der Angst heraus, den anderen zu verlieren. Ich verausgabe mich an der falschen Stelle. Und umgekehrt gilt: Wenn ich eine Gabe bei mir behalte und nicht zum Geben bereit bin, dann bin ich zwar vielleicht mit Beredsamkeit beschenkt, verweigere aber das gute Wort, das aufbaut. Bernhard will daher in einem ersten Schritt »vernünftige Achtsamkeit« einüben, nicht voreilig zu handeln oder sich falsch zurückzuhalten, sondern wachsam für sich selbst zu sein und auszuloten, in welchen Situationen man sich für andere öffnen soll.

Das Bild der Schale kann mir auch hier weiterhelfen. Manchmal verwende ich eine Schale, um Trübes und Klares zu scheiden. Ich muss das Trübe in mir annehmen lernen, damit es sich klären kann. Nur so kann ich mich wirklich annehmen – auch mit meinen Entfremdungen und meiner Unausgeglichenheit. Nur so werde ich erkennen, wo in mir meine Grenze ist und wo das Gute in mir zu Tage treten will.

Aufmerksam registriere ich die Kriterien, nach denen ich wirklich bei mir sein kann, und die Erfahrungen, die mich von mir selbst abschneiden. Offenheit in Herz und Geist finde ich nicht, wenn ich die Fahne nach dem Wind hänge und mich vom Zeitgeist manipulieren lasse. In mir sollen ja mein Standpunkt und meine Entscheidung wachsen. Mein Geist konzentriert sich nicht, wenn ich abgelenkt werde und die vielen flüchtigen Eindrücke des Tages mir den geschenkten AugenBlick nehmen: Die visuellen Ablenkungen, die schnellen Bildfolgen der Medien, Reizüberflutungen und Begehrlichkeiten allerorts lenken mich ab. Ich mache mich nicht von der öffentlichen Meinung und von der Konsummentalität abhängig. Mein Geist will frei bleiben. Ich laufe nicht jedem Trend nach, der mir vielleicht kurzfristig Erfüllung bringt, aber mein Herz besetzt. Leistungsdenken und das ungeschriebene Gesetz des Immer-Mehr bringen mich an meine Grenze. Besitz besetzt. Ich ringe um Freiheit von den alltäglichen Besorgungen und Habseligkeiten. Streit und offene Konflikte, Beziehungsstörungen und Kränkungen blockieren mich. Immer wieder neu suche ich nach dem, was in den Beziehungen heilsam ist. Ich bin dann wirklich bei mir, wenn ich von den einengenden Befindlichkeiten und Blockaden frei werde.

Noch eine Erfahrung zeigt mir die Schale. Es kann passieren, dass ich im Tiefsten spüre: Meine Schale ist leer. Erwartungen, Überforderung, Überflutung oder Selbstzentriertheit können mich dazu führen, dass ich mich von mir selbst entfremde und meine Ahnung vom eigenen Seelenraum verblasst.

Menschen, die voller Kraft auf dem Zenit ihres Lebens stehen, die von Glück, Erfolg und innerer Zufriedenheit verwöhnt sind, erzählen mir, dass Gottes Nähe aber aus ihrem Alltag verschwunden ist. Obwohl sie Erfolg haben, sind sie traurig. Fremd ist mir diese Erfahrung nicht. Ich gerate in eine innere Starre und Stumpfheit. Sie lähmt und nimmt den Lebensmut. Innere Leere, das ist zunächst nichts anderes als eine Bedrohung, Angst einflößend, Unsicherheit bestärkend und die Gewissheit vermittelnd, dass man von den Kraftquellen des Lebens – sogar vom Glauben – abgeschnitten ist. Nicht mehr Leichtigkeit und Klarheit ist in meiner Seele, sondern Schwere und Nacht.

Es braucht Mut, sich dieser Leere zu stellen, denn mit der eben beschriebenen Leere des Lebens geht die Angst einher, im Nichts stecken zu bleiben. Es braucht Mut, gegen mein eigenes Grundgefühl darauf zu vertrauen, dass ich gehalten bin. Denn die geistliche Tradition ist sich dessen gewiss, dass es in der existenziellen Leere eine andere Leere gibt, die mir die Chance gibt, innerlich zu reifen. An meiner eigenen Grenze angekommen, realisiere ich, dass ich mich selbst gar nicht erfüllen kann. Es darf an mir etwas geschehen. Deute ich die Leere in diesem Sinne, dann wird sie zur Chance, mein Leben zu vertiefen und zu entfalten.

Ich öffne mich für die Lebenskraft tief in mir. Diese Kraft ist da. Sie kann heilen. Sie kann stärken. Ich will mich öffnen, damit sich das Wirken des Heiligen in mir entfalten kann. Manchmal merke ich dabei, wie die Schale gefüllt wird. Ich öffne mich Gottes Gegenwart, lasse Gottes Geist – wie Bernhard sagt – in mich einfließen. Es ist der Geist der Stärke, durch den ich wieder in Kontakt zu mir komme und durch den meine Fähigkeiten und Kompetenzen sichtbar werden. Es ist der Geist des Mutes, der mir Perspektiven gibt und der mich zuversichtlich macht. Es ist der Geist, der mir tiefere Einsicht schenkt, unklare Zusammenhänge ordnen lässt und mir Orientierung gibt. Es ist der Geist, der mich auf das Gute setzen lässt, anstatt der Schwarzseherei zu verfallen. Es ist der Geist, der mir meine Gaben schenkt, die ich im Alltag einbringen will, und der mich anderen vertrauen lässt. Es ist der Geist, der mich liebevoll werden lässt und in mir ein Gespür für Fürsorge und Nächstenliebe weckt. Es ist der Geist der

Nähe Gottes, der in mir Platz nehmen will. Dann darf ich, so Bernhard in einer Predigt, »mich von Gott besuchen lassen« (Predigt 57).

Aus der Mitte leben

Bernhard von Clairvaux will, dass wir uns zunächst der »Ruhe und Betrachtung« hingeben. Nur so können wir uns füllen lassen. So findet er seine Antwort auf die Zerrissenheit, die durch das Vielbeschäftigtsein entsteht.

> *Sitze ... einsam. ... Habe keine Gemeinschaft mit der Menge, mit der großen Masse. Zieh dich aus dem, was öffentlich geschieht, zurück, zieh dich sogar von deinen Hausgenossen zurück. Gehe abseits. Aber tue es mit dem Herzen, tu es im Geist. Denn Christus der Herr ist im Geist vor deinem Angesicht (vgl. Klgl 4,20), und er möchte, dass du dem Geist, nicht dem Leib nach einsam bist. Allerdings kann es gelegentlich von Vorteil sein, wenn du auch dem Leibe nach irgendwohin allein gehst, sofern das angebracht ist. Du entsprichst damit dem Wort Christi: »Wenn du beten willst, geh in deine Kammer, schließe die Tür und bete.« (Mt 6,6) Was er gesagt hat, hat er auch selbst getan. Er hat ganze Nächte allein im Gebet verbracht.*
>
> *Im Übrigen wird dir aber empfohlen, dem Herzen und dem Geiste nach die Einsamkeit zu suchen. Du bist für dich allein, wenn du nicht denkst wie*

alle denken, wenn du dich nicht von dem in Beschlag
nehmen lässt, was dir unter die Augen kommt; wenn
du das verschmähst, worauf die Menge großen Wert
legt; wenn dich anwidert, woran alle ihr Herz hän-
gen; wenn du allem Zank aus dem Weg gehst; wenn
es dir nichts ausmacht, etwas zu verlieren, und wenn
du Beleidigungen schnell vergisst. Hast du nicht diese
Grundhaltungen, so bist du nicht einsam, selbst wenn
du dem Leibe nach ganz allein sein solltest.

PREDIGT 40

Bernhard kehrt in das innere Lebenshaus ein, um sich dem
Geist Gottes zu öffnen, und er gibt mir dazu konkrete Hinweise. Heute würde er sagen: »Wenn du deine innere Mitte
finden willst, dann kannst du das nicht im Getriebe des Alltags tun. Geschäftigkeiten lenken dich ab. Geh abseits. Suche
dir einen Raum und eine Zeit der Stille. Lerne zu schweigen.«
Und dann: »Sitze einsam. Bleibe bei dir, ganz alleine. Die
Einkehr in dein Herz wird dir gelingen, wenn du bei dir bist.
Sitze! Nimm auch körperlich eine Haltung ein, die dich stille
werden lässt und dich öffnet. Lass deinen Geist von Vorur-
teilen und öffentlichen Meinungen, von falschen Bindungen
und Befangenheit frei werden. Denn wahre Begegnung mit
dem Geist Gottes wird dir erst geschenkt, wenn du dich deinem Herz und deinem Geist öffnest. Deine innere Stimme
soll zu dir sprechen dürfen und nicht durch Alltagslärm verschüttet sein. Die göttliche Kraft, die in dir ist, darf wachsen.
Bleibe mit dem, was in dir ist, zunächst alleine und posaune es
nicht vorschnell hinaus. Dir ist wie jedem anderen Menschen
die Gabe geschenkt, in der Ruhe herauszufinden, wer du bist.

Dazu ist dir Gottes Geist gegeben. Diesen Geist kannst du erkennen, wenn du in deinem Herzen bei dir bist, wenn du inneren Frieden erfährst, wenn du vorurteilsfrei bist, wenn du gelingende Beziehungen hast, wenn deine Auffassung nicht von der Mehrheit abhängig ist und wenn du loslassen kannst. Sitze einsam – immer wieder, regelmäßig, mit offenem Herzen. Du darfst dich dabei beschenken lassen.«

Mich sammeln

ÜBUNG

Folgende Übung kann zur Sammlung im Gebet eine Hilfe sein. Übe Tag für Tag und nimm Dir regelmäßig Zeit, um die Kraftquelle des inneren Verweilens zu entdecken.

Suche einen guten Raum und nimm dir Zeit, damit du dich sammeln kannst. Suche einen Ort, an dem du still werden kannst. Nimm eine Körperhaltung ein, in der du dich entspannen kannst. Sitze gut, im Schweigen. Achte auf deinen Atem und auf deinen Körper. Schließe die Augen, wenn es gut für dich ist und du so besser auf dein Inneres hören kannst.

Immer wieder wirst du merken, wie dich Abschweifungen und Ablenkungen, Gedanken und Einsichten beschäftigen. Dies können Gefühle, innere Bilder und Empfindungen, Pläne und Einsichten, Überlegungen und eigene Reflexionen, sogar Aha-Erlebnisse und spirituelle Erfahrungen sein. Diese Gedanken dürfen sein; sie sind Teil unseres Lebens. Aber halte sie nicht fest. Lass sie kommen und wieder gehen. So wie im Lauf der Zeit dein Atem ruhiger wird und sich dein Zeitgefühl entschleunigt, so werden sich auch deine Gedanken klären. Wenn du ruhiger wirst und zu deiner Seele findest, dann ist das ein Geschenk.

Wähle ein heiliges Wort, das dich leitet. Bete dieses heilige Wort und bleibe dabei. Wenn dich die Gedanken ablenken, kehre immer wieder zu deinem Wort zurück. Dieses Wort kann ein kurzer Satz aus der Heiligen Schrift sein, ein Kurzgebet wie »Jesus, Gott, Abba«. Ziel des Übens ist es, zum inneren Schweigen zu kommen und dich auf den Anruf Gottes in dir einzulassen.

Verweile in der Stille. Lass die Augen geschlossen und deinen Atem kommen und gehen. Verweile ohne Absicht.

Dann geh in deinen Alltag zurück. Solltest du einmal nicht zum Sitzen in der Stille kommen, mache dir keine Vorwürfe. Übe weiter. Bleibe dabei, ohne Angst und Hektik. Wenn es dir geschenkt ist, in Gott zu ruhen, dann sei dankbar. Die Eingießung des Geistes wird dich stärken, diesen Geist in deinen Alltag hinauszutragen, die Ausgießung zuzulassen.

Ich gehe einen inneren Übungsweg, halte inne und schöpfe Kraft. Indem ich das äußere Tun zurücklasse und meine innere Welt betrete, indem ich die Welt der Gedanken und Bewertungen lasse und mich auf Gott, der im Schweigen in mir wohnt, einlasse, werde ich in der Sammlung auf jenen doppelten Kern in mir stoßen, der mein Leben ausmacht: mein wahres Selbst und das Verweilen in Gott.

Indem ich die innere Stille in mir annehme, tiefer hinhöre, verspüre ich die schöpferische Quelle in mir und lasse die Frage nach dem wahren Selbst in mir zu: »Wer bin ich wirklich?« Mein wahres Selbst zeigt sich in dem Augenblick, in dem sich das Leben in mir regt und Neues schafft: unmittelbar, kraftvoll und voller Bereitschaft zum Engagement. Die Stille und das Schweigen lassen mich nach innen hören und stärken in mir die Gewissheit, dass ich mit dem größeren Geheimnis meines Lebens verbunden bin.

Dabei kann sich durchaus ein reinigender und heilender Prozess ereignen, kann das Unbewusste in mir »entrümpelt« werden, kann ich mich von Belastungen befreien. Ich kann sogar inneren Frieden erfahren. Doch das ist nicht Ziel und Zweck des Übens – entscheidend ist es, mich in der Sammlung einzufinden und die Eingießung des Geistes zuzulassen.

»Wie kann das gehen?«, fragt mich Herr K., ein beruflich sehr erfolgreicher Ingenieur. Sein Auftragsbuch ist gut gefüllt. Die Kunden schätzen ihn, und er liebt seine Arbeit. »Ich mache das gerne: Kundenwünsche respektieren, Absprachen treffen, neue Produkte entwickeln.« Und dennoch spürt Herr K. eine Grenze: »Oft bin ich wie das Rohr, von dem Sie sprechen, abgelenkt und Opfer meines eigenen Erfolges. Weil ich Aufträge gut ausführe, lassen Folgeaufträge nicht lange auf sich warten. Mein Schreibtisch ist nie leer. Ich spüre, wie die Tage an mir vorbeirauschen, und habe die Sorge, dass ich meine Lebendigkeit verliere. Meine Sehnsucht, dass ich sinnerfüllt und lebendig bleibe, wird immer größer.« Manchmal zieht er sich daher für einige Tage in die Stille zurück und findet darin

Ausgleich. Schritt für Schritt lernt er, sich durch Meditation zu sammeln, und er sucht diese Auszeit auch in seinem Alltag, übt das Stille-Werden und das Verweilen in Gott. Das ist sein Gegengewicht gegen das Rohr-Sein.

Mich annehmen

Wenn ich wie eine Schale bin, bin ich mit mir in Kontakt. Selbstaufmerksamkeit und Selbstannahme gelingen, wenn ich auf mein Inneres achte. Sie gelingen ebenso, wenn ich meine Fähigkeiten und Ressourcen schätzen lerne. Jeder Mensch bringt in seine Arbeit besondere Fähigkeiten ein. Der eine hat eine hohe fachliche Qualifikation und kann mit dieser Kompetenz Zusammenhänge gut erschließen. Ein anderer ist kommunikativ begabt; er knüpft Kontakte und baut Beziehungen auf, sorgt in einem Team für einen guten Geist und kann in Konflikten vermitteln. Wieder ein anderer lebt die Kraft der Visionen und kann sich kreativ einbringen. Er braucht aber die Hilfe dessen, der Ideen und Konzepte gut umsetzt, Maßnahmen und Projekte entwickelt und dabei den langen Atem hat, die gesetzten Aufgaben auch zu realisieren. Und wiederum ein anderer hat die Gabe, mit den vorhandenen Ressourcen gut umzugehen. Er setzt Mittel und Gelder geschickt ein.

Mich mir selbst zuzuwenden und auf meine Fähigkeiten zu achten sind Wege innerer Annahme. Frucht dieser Selbstannahme ist es, dass ich mir meiner eigenen Stärke bewusst werde. Mir ist gewiss: Ich kann meine Arbeit bewusst, verantwortungsvoll und gut tun. Ich kann mich prüfen und entscheiden, wo ich Verantwortung wahrnehmen möchte und wo ich mich engagieren möchte. Dazu muss ich mich realistisch einschätzen: Was kann ich gut, was weniger gut? Auf meine Arbeit angewandt: Welche Kompetenzen habe ich? Wo bin ich stark, wo auf die Unterstützung durch andere angewiesen? Wo will ich meine Kräfte einsetzen? Wo werde ich von den anderen gefragt, weil diese meine Stärken schätzen? Wo zeigt meine Arbeit Wirkung?

Durch die positive Einstellung zu meinen Fähigkeiten und Leistungen wächst mein Selbstvertrauen. Ich traue mir etwas zu, bringe mein Geschick ein. Dazu gehört auch, dass ich in Schwierigkeiten durchzuhalten lerne und Geduld einübe, dass ich mich mit meinen Grenzen kenne und wertschätze. Ich muss nicht immer perfekt sein, um vor mir selbst zu gelten. Ich darf auch Fehler machen. Wichtig ist mein Grundvertrauen, dass ich meine Aufgaben gut erfüllen kann.

Manchmal erlebe ich, dass dabei etwas Neues entsteht. Manchmal erwachsen mir Pläne, Ideen und Phantasien, manchmal neue Facetten meiner Wirklichkeit. So erwachsen in mir realistische Ziele und Maßnahmen. Ein gutes Zeichen ist, wenn dieser Schritt mir Kraft gibt und inneren Frieden bringt.

Das Vertrauen in meine eigene Kraft hat Folgen: Ich habe positive Erfahrungen gemacht und kann darauf vertrauen, dass ich diese auch in Zukunft machen werde; so muss ich mich nicht ständig ängstigen, dass ich etwas nicht erreiche. Ich habe aus dem Gespräch mit anderen gelernt. Andere erkennen mich an und geben mir Zuversicht. Wenn ich meine Angelegenheiten im Alltag regeln kann, schwierige Situationen gut bewältige, Verantwortung übernehme, mit anderen in einem echten Kontakt bin, dann gewinne ich ein Gefühl innerer Stimmigkeit und Sicherheit.

Bin ich mir meiner Stärken bewusst, dann wird mich das auch in meiner Wirksamkeit stärken. Ich werde dranbleiben. Ich werde etwas erreichen, weil ich etwas kann. Für jeden Lebenstraum brauche ich eine solche Zuversicht wie auch den Glauben, dass dieser Traum wirklich werden und ich Erfolg haben kann. Der Glaube an meine eigene Stärke hilft mir, dass ich nicht einfach abwarte und die Widrigkeiten des Lebens über mich ergehen lasse. Er hilft mir, dass ich eine eigene Vorstellung von meinem Lebensziel entwickle und verwirkliche – auch in meinen Grenzen. Ich kann mit meinen Möglichkeiten zum Gelingen beitragen – und mein innerer Lehrer hilft mir dabei. Kehren wir aber nun zu Bernhard von Clairvaux zurück.

Einkehr und Engagement

Wenn meine Seele geläutert und gesättigt ist und so ihren Frieden gefunden hat, wenn ich innerlich gefestigt bin, will Gott selbst in meinem Herzen Raum gewinnen und mein Leben verändern – das ist für Bernhard das wahre Ziel der Einkehr. Eine Schale mag wertvoll sein, als Gegenstand schön anzuschauen. Doch sie dient einem Zweck: aufzunehmen, aufzubewahren und auch wieder abzugeben. Ich darf nicht einfach behalten, was in der Schale liegt.

Der Inhalt der Schale ist, so Bernhard, die Liebe. Die Liebe soll in mir einwohnen und wachsen, denn diese Liebe, die in mir Platz nimmt, ist der Heilige Geist. Die Quelle, die mich erfüllt, ist Gott selbst. Durch ihn habe ich an Gottes Leben Anteil. Am Anfang gilt die Liebe mir selbst; ich kann nicht strömen, wenn ich nicht gut zu mir selbst bin. Wenn es mir nicht mehr mangelt und fehlt, wenn ich angefüllt bin, dann kann ich überfließen und geben. Durch den Geist entdecke ich, wo ich für andere geschaffen bin. Die wahre Liebe muss sich erst in mir anreichern, damit ich sie ausströmen lassen kann. Ich kann dann lernen, aus dem Vollen auszugießen. Später wird mich diese Erfahrung auch im äußeren Leben – in dem, was ich tue – verändern. In der Ausgießung des Geistes werde ich mein Leben auf meine Mitmenschen hin gestalten.

Frau M. engagiert sich nicht nur zu Hause, sondern auch in ihrer Arbeit als Erzieherin. Natürlich hat sie professionelle Erziehungsarbeit gelernt. Wie sie mit den Kindern umgeht, zeugt von ihrem Können. Ihre Beliebtheit wird mir deutlich, als sie mir ihr kleines Berufsgeheimnis verrät: »Jeden Morgen nehme ich mir einige Minuten Zeit. Dann denke ich an meine Gruppe. Viele Eltern kenne ich, und natürlich alle Kinder. Ich stelle sie alle vor mein inneres Auge und begrüße jeden Einzelnen. Jeder hat seinen besonderen Wert.« Frau M. hat die Liebe, von der Bernhard spricht, so in den Alltag übersetzt.

Bernhard geht bewusst den Weg nach innen, zur Mitte. Er sorgt sich um sich selbst. Er gibt seiner Seele Raum. Eingießung – Stehen in der Gegenwart Gottes – und Ausgießung – gelebte Nächstenliebe – sind für ihn die beiden Anker christlichen Lebens. Bernhard geht, indem er sich dem Eingießen des Geistes öffnet und die Ausgießung zulässt, eine

Grundspannung christlichen Lebens ein.

Wahre Einsamkeit ist Geisterfülltheit. Ich bleibe aber nicht bei mir. Einkehr und Engagement für den Mitmenschen gehören zusammen. Immer wieder neu bin ich eingespannt zwischen meiner Sehnsucht, aus meiner Mitte zu leben, auf der einen und Engagement auf der anderen Seite. Kraft im Herzen verkörpert sich in Barmherzigkeit. Meine Stärke ist Kraftquelle, mich für das Leben anderer zu öffnen. Nächstenliebe ist ein sicheres Zeichen dafür, dass ich aus innerer Verantwortung lebe. Kontemplation, die Ruhe meines Herzens, und Aktion befruchten sich.

Damit verbindet sich ein ständiger Lernprozess, zwischen Innehalten und aktivem Leben einen Ausgleich zu finden. Im Zweifelsfall – wenn ich nicht recht weiß, ob ich bei mir einkehren oder mich engagieren soll – gibt Bernhard dem Dienst am anderen Menschen den Vorrang. »Nehmt mich in Anspruch!« – das ist seine Devise.

Wir haben den inneren Punkt erreicht, der zum Engagement führt. Kontemplation ist das Herz jeder Aktion. Welcher Impuls entsteht aus diesem inneren Punkt? Wie können wir uns von innen heraus verändern?

Den Wandel in mir
willkommen heißen

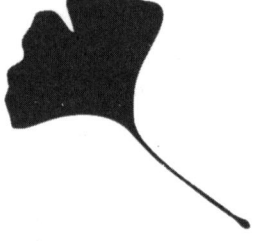

*S*pirituell wache Menschen verändern – sich selbst, andere, ihre Umgebung. Sie leben im Engagement, das von innerer Ruhe getragen ist. Was sind ihre Gaben, die sie dazu befähigen? Sie können mit ganzem Ohr zuhören und aktiv dabei sein. Sie sind aufmerksam für innere Zusammenhänge und für die Tiefe des Lebens. Sie hören auf die Veränderung, die aus ihrem Herzen kommt. Einfach ist das nicht.

Einem Bruder, der in der Wüste der Thebais wohnte, kam der Gedanke: »Was sitzt du hier so unfruchtbar da? Auf, geh in die Klostergemeinschaft, und dort wirst du Frucht bringen.«

Er stand also auf, kam zum Altvater Paphnutios und teilte ihm seinen Gedanken mit. Der Greis sagte zu ihm: »Geh fort und setze dich in dein Kellion. Verrichte ein Gebet am Morgen, eines am Abend und eines in der Nacht. Wenn du Hunger hast, dann iss, wenn du Durst hast, dann trinke, und wenn du Schlaf hast, dann schlafe. Bleibe in der Wüste und lass dich nicht auf den Gedanken ein.« Er kam auch zum Abbas Johannes und teilte ihm die Weisungen des Abbas Paphnutios mit. Und Abbas Johannes sagte ihm: »Bete überhaupt nicht, nur bleibe im Kellion.« Und er stand auf, kam zum Abbas Arsenios und teilte ihm alles mit. Der Greis sprach zu ihm: »Halte fest, was die Väter dir gesagt haben. Ich habe dir nicht mehr zu sagen.« Völlig zufriedengestellt ging er von dannen.

APOPHTHEGMATA 790

Der Ausgangspunkt ist klar. Da ist ein Bruder, der nicht recht weiß, was er mit seinem Leben tun soll. Sein Lebensentwurf passt für ihn nicht mehr. Er will nicht mehr allein in seiner Zelle, dem »Kellion«, bleiben. »Lieber schließe ich mich einer Gemeinschaft an, dann kann ich für andere da sein.« Gesagt, getan. Er geht zu seinem Ratgeber und teilt ihm seine Überlegungen mit. Doch dessen Rat geht in eine ganz andere Richtung: »Bleibe deinem selbst gewählten Lebensmittelpunkt treu. Bleibe bei dir und lasse dich nicht von deinem Weg ablenken. Nur sorge Dich ausreichend um deine Bedürfnisse.«

Als ob er dem Rat des einen nicht traut, geht der Bruder nun zu einem anderen Seelenführer, der aber noch radikaler ist: »Lass das Beten. Bleibe nur bei dir, und du wirst dein Leben finden.«

Dies ist die Antwort, die von den Wüstenvätern und -müttern fast stereotyp gegeben wird, wenn Suchende fragen, welchen Lebensentwurf sie verwirklichen sollen: »Bleibe in deiner Zelle, deinem selbst gewählten Lebensmittelpunkt, und du wirst dich selber finden.«

Dem Verharren in der Zelle wird ein klares Programm beigegeben: Rücksicht auf die Grundbedürfnisse, Schweigen, Verzicht auf übermäßige religiöse Askese, Auseinandersetzung mit inneren Regungen und Schwächen, keine Ablenkung durch angestrengtes Engagement. So kommt es zur Konfrontation mit sich selbst: Die Zelle wird dich alles lehren. Damit sind wir bei einem Programm, das erstaunlich zeitgemäß ist, nämlich die Kraft zur Veränderung in sich selbst zu suchen.

Den Bruder treibt es um. Sein Herz ist unruhig. Er will sein Leben ändern – und darin bin ich ihm als Mensch von heute nahe. Doch wann ist für mich Veränderung angesagt, wann nicht? In der Konfrontation mit mir selbst lerne ich mich selbst tiefer kennen, komme in Kontakt mit meinem Lebenstraum. Ich lerne, meine eigenen inneren Störungen gelassener anzunehmen, und entdecke meine Lebenskraft neu. Ich spüre die Flamme in mir, die mir Leidenschaft und Hingabe schenkt. Ich bin dann voller Tatkraft und Energie.

Das sind Kriterien, die mir den Wandel anzeigen. Diesen Kriterien möchte ich jetzt weiter nachgehen.

In der Kraft des Augenblicks leben

Ich übe mich in der Gegenwärtigkeit. Gerade wenn mich Vielbeschäftigtsein und Ansprüche blockieren und mir die Ruhe rauben, bin ich herausgefordert, innezuhalten und Kraft zu schöpfen. Ich versuche, mit dem Herzen zu hören, denn das Herz kann mich von der Last der Gedanken und der Verwirrung der Gefühle befreien. Mein Herz, gelöst, darf dafür schlagen, wofür ich wirklich da sein möchte. Ich gewinne Freiraum, indem ich zurücktrete, beobachte, abwäge und einschätze, beurteile und entscheide. Wenn ich mit den Augen des Herzens sehe, werde ich offener für das, was mich wirklich trägt: für meinen Lebenstraum, für eine Aufgabe, für eine lebendig machende Beziehung.

Solch eine Haltung ist auch im Arbeitsalltag möglich. Da arbeite ich in einer Arbeitsgruppe mit. Die Gruppe ist sorgfältig zusammengesetzt: Ein Mitglied ist Fachmann für Veränderungsprozesse, ein Kollege hat sich intensiv mit fachlichen Fragen auseinandergesetzt, eine Teilnehmerin ist in

Detailfragen bewandert, eine weitere kennt die Zielgruppe genau. Eine Zeit lang arbeiten wir so, wie wir es gewohnt sind, jeder mit der ihm eigenen Kompetenz. Beobachtungen und Ideen werden präsentiert, Strategien entwickelt. Man spürt sogar, wie alle ihre Sache gut machen wollen.

Und dennoch kommen wir nicht weiter. Irgendwie bleiben wir stecken. Die Teile fügen sich nicht zu einem Ganzen zusammen. Wir spüren, dass wir nahe am springenden Punkt sind und ihn dennoch nicht erreichen. Wir gönnen uns eine Zeit des Rückzugs. Ich halte inne und höre in mich hinein. Was wollen wir wirklich? Wo blockieren mich meine Interessen? Wie kann sich das Projekt gut entwickeln? Auf einmal ist eine neue Qualität, eine gemeinsame innere Präsenz im Raum. Wir fragen uns: Was beschäftigt die Menschen wirklich? Was ist die Idee, die wir vermitteln wollen? Wie wäre es, wenn wir gemeinsam an dieser einen Fragestellung weiterarbeiten? – Es ist so, als hätten wir lange auf diesen Moment hingearbeitet. Der Funke zündet und springt über. Neues entsteht. Wir haben eine gemeinsame Idee von der Zukunft, für die sich unser Engagement lohnt. Dafür wollen wir unsere Kraft geben! Noch Monate später leuchten die Augen, wenn wir uns an diese Sternstunde zurückerinnern. Gemeinsam haben wir jene Wandlungsfähigkeit entdeckt, die aus der Kraft von innen entsteht.

In einem solchen Augenblick entsteht so etwas wie eine Präsenz, in der ich das größere Ganze erspüre. Dann wächst aus der Tiefe des Selbst Stärke. Ich vergewissere mich meiner Kraftquellen: meiner Geduld, meines Mutes, meiner Kreativität, meiner Verlässlichkeit, meiner Fähigkeit, Beziehung aufzubauen oder etwas im Beruf gut zu können. Ich verspüre in mir Energie. Ich darf meiner inneren Stärke gewiss werden, die mir Mut zum Handeln schenkt und sich in neuen Ideen und schöpferischer Kraft zeigt. Jetzt ist der Augenblick, in dem Wissen und Wollen gestärkt werden, in dem ich meine Angst überwinde, mein Vertrauen wächst und ich Neues willkommen heiße.

Leben im gegenwärtigen Augenblick lässt mich ungeteilt aufmerken und gibt mir Raum, auf dass ich empfange. Ich erfahre eine tiefe, aus der inneren Ruhe schöpfende Kraft. Ich lebe engagierte Gelassenheit, durch die ich mich meinem wahren Selbst und dem *Anderen* öffne, jenem Grund, der meinem Leben Sinn gibt. Dann kann aus der Gegenwärtigkeit eine kraftvolle Vision entstehen, die offen ist für das Unerwartete und Neue. Visionen beleben. Visionen sind Bilder von einer erwünschten Zukunft. Im Wort »Vision« steckt das lateinische Verb »videre«, es meint: etwas sehen, was vor mir liegt und auf das ich zugehe. Wenn ich meine Vision formuliere, dann sehe ich eine erwünschte Zukunft vor mir. Ich schaffe mir eine innere Welt, die ich aber auch realisieren will. Denn das innere Bild entfaltet seine Wirkung ins Heute.

Meine persönliche Vision kommt von innen. Sie ist eine Kraft, die aus meinem Herzen kommt. Mit ihr beschreibe und verwirkliche ich innere Werte und Überzeugungen. Visionen stiften Sinn und beleben. Sie erzeugen eine Wirklichkeit, die das Leben von der alltäglichen Routine abhebt. Visionen sprechen Gefühle an. Visionen treiben von innen an und bilden ein kritisches Korrektiv zur Gegenwart.

Aus innerer Kraft gespeiste Visionen dürfen keine leeren Träume bleiben. Der Zwillingsbruder der Vision ist deren Umsetzung durch Strategie und Disziplin. Visionen sind dazu da, Lernen und Veränderung zu ermöglichen. Visionäre antizipieren hoffnungsvoll einen ersehnten Zustand und können so die Wirklichkeit verändern. Sie wollen etwas erreichen. Sie schauen nach vorne und handeln in Zuversicht.

Vertrauen

Vertrauen verändert. Die Gewissheit, dass das Leben getragen ist, dass eine positive und vertrauensvolle Grundhaltung das Leben fördert, stärkt mich. Lebendigkeit wächst. Ich traue mich, auf meine innere Stimme zu hören und ihr zu folgen. Ich bin mir dessen gewiss, dass es einen tragenden und lebensfördernden Grund in meinem Leben gibt. Ich lerne, das Positive anzunehmen, anstatt problemzentriert auf mein Leben zu sehen. Meine innere Stimme führt mich. Mein Mut steigt, meine Aufgaben entschlossen anzugehen. Mein Selbstvertrauen wächst, das Leben fällt mir leichter. Ich gewinne an Klarheit. Ich werde, auch wenn es Rückfälle gibt, immer wieder zuversichtlich zu sein, dass ich an dem Punkt ankommen werde, der mein Leben erfüllt. Auf diese Kraft vertrauend, bin ich zuversichtlich und aktiv.

Vertrauen kann gelingen oder gefährdet sein. Negative Erfahrungen und Begegnungen können Misstrauen säen. Stress, Unzufriedenheit, ein fehlendes inneres Gleichgewicht und eine problemzentrierte Haltung können mich in meinem Vertrauen erschüttern. Ich kann aber auch mein Grundvertrauen in das Leben stärken und in einen lebensfördernden Zyklus des Vertrauens einsteigen (vgl. Tobler 2010). Denn ich kann mich öffnen, mit neuer Aufmerksamkeit meinen Blick weiten und mich auf Neues und Überraschendes einlassen. Ich kann darauf vertrauen, dass mein Leben positiv ist und mich für neue Ideen und Lösungen offen macht. So kann ich meine Stärken und Schwächen, meine Fähigkeiten und meine wunden Punkte annehmen lernen. Ich kann ambivalente Erfahrungen zulassen, weil sie mich zugleich ermutigen. Es gibt Fortschritt in meinem Leben. Ich werde motivierter vorwärtsgehen. All das, was ich angedacht und ins Auge gefasst habe, wird mir in vielen Situationen auch gelingen. Und schließlich kann ich auch mutig und entschlossen handeln. Ich kann Neues wagen. Denn ich habe die Kraft, »dranzubleiben«. Alle diese Schritte werden mein Vertrauen in das Leben stärken und mein Handeln verändern.

Mich öffnen für die Zukunft

Was ist mein wahres Tun? – Eine Antwort auf diese Frage werde ich erst finden, wenn ich achtsam Neues auf mich zukommen lasse. In vielen Veränderungsprozessen habe ich es erlebt, dass sich gerade in dem Moment ein tiefgreifender Wandel ereignet, in dem wir das Alte loslassen, innehalten, Vertrauen gewinnen und Neues auf uns zukommen lassen. Otto Scharmer (2009), der sich intensiv mit diesem Moment des Wandels beschäftigt hat, vergleicht diesen Moment mit dem tiefsten Punkt eines »U«. Er betont, dass sich am Boden des »U« – dem Moment, in dem wir losgelassen haben, ganz gegenwärtig sind und offen für das Neue werden – eine Wende vollzieht. Denn an diesem Punkt gebe ich die Kontrolle auf, und es eröffnet sich ein neuer Raum in mir, darf Neues in mir anwesend werden. Was kommt an Gutem auf mich zu? Welche Möglichkeiten bieten sich mir und wie will ich sie realisieren? Jetzt ist es Zeit, mit neuer Kraft meine Aufgaben anzugehen!

Es geht darum, zu innerer Stimmigkeit zu kommen und in dieser Stimmigkeit eine Wirklichkeit entstehen zu lassen, die mich verändert. Ich richte meine innere Aufmerksamkeit und meine Energie auf das, was ich wirklich will: Was ist der Kern meines Lebensprojektes?

Praktische Hinweise, die mir helfen zu entscheiden, ob die in mir entstehende Veränderung kraftvoll ist, sind: Meine Aufmerksamkeit richtet sich auf das, was mich vorwärtskommen lässt, und nicht auf unerfüllte Wünsche, alte Erfahrungen, Verletzungen oder gegenwärtige Unsicherheiten. Hindernde Umstände irritieren mich nicht mehr. Meine Möglichkeiten, Menschen, die mir helfen, Umstände, die mich fördern, werden für mich sichtbar. Meine Wahrnehmung und mein Tun sind stimmig. Ich bin motiviert, vorwärtszugehen, habe Kraft, Energie und Mut. Ich bin zuversichtlich. Meine Gedanken und Überzeugungen, meine Ideen und Visionen sind von einer positiven Sicht der Dinge geprägt. Meine Gefühle bauen mich auf. Ich kann mir meine Zukunft vorstellen als eine gute und gelingende Zukunft. Ich kann mir ganz konkrete Schritte vorstellen, wie ich diese Zukunft erreichen werde.

Ich bleibe meiner inneren Stimme treu. Ich finde Orientierung und gewinne Kraft zum Handeln. Mein persönlicher Horizont wird zu einer Kraftquelle, mein Lebensprojekt in die Tat umzusetzen.

Mein persönlicher Horizont

Halten Sie einen Moment inne und versuchen Sie, Ihren persönlichen Horizont zu formulieren:

→ Welches innere Bild entsteht in mir?

→ Wo erlebe ich mich mobilisiert und voller Energie?

→ Wo lohnt es sich für mich, dass ich vorwärtsgehe?

→ Wie sieht ein Leben aus, in dem ich in meinem Element bin und in dem meine Intentionen, meine Stärken und Fähigkeiten zum Zuge kommen?

Ich stelle mir vor, dass diese Vision bereits Wirklichkeit geworden ist:

→ Was hat sich verändert? Wie lebe ich jetzt?

→ Welche Wege stehen mir jetzt vor Augen?

→ Was werde ich jetzt tun?

Neues verwirklichen

Jedem von uns wird eine Idee ins Herz gelegt, die ihn durch das Leben trägt. Viele Faktoren wecken in uns diesen Traum, wer wir sein wollen und was wir wirklich bewirken wollen: Erziehung, Erfahrungen, Beziehungen, Werte, die uns vermittelt werden, unsere Umwelt, in der wir leben. Dieser Traum prägt uns und zeigt uns, was wir mit unserem Leben und mit unserer Arbeit erreichen wollen. Mit Zuversicht machen wir uns ans Werk. Wir machen Erfahrungen: Manches gelingt, anderes muss Enttäuschungen überstehen und sich bewähren. Der Alltag bringt Belastungen, lenkt uns von der ursprünglichen Absicht ab. Vielleicht weichen die großen Hoffnungen der Ernüchterung. Vielleicht machen wir sogar lebensverhindernde Erfahrungen und haben Angst zu versagen. Wir wenden uns den vielen Geschäften zu und verlieren die Zuversicht, die uns trägt.

Warum und wozu mache ich das? Die Frage nach dem, was mich hält, steht neu im Raum. Dann ist es höchste Zeit, dass ich zu meiner ursprünglichen Lebensquelle finde, wieder mein Gespür für das Wesentliche schärfe und mich für das Wirken des größeren Ganzen öffne. Dann ist es höchste Zeit, dass ich meinen Lebenstraum neu formuliere. Gelingt mir dies, kann meine innere Vision neue Kraft gewinnen. In dieser Kraft setze ich meine Ideen in die Tat um und probiere das Neue aus. Die Umsetzung braucht Zeit. Widerstände und

Schwierigkeiten können ein Anzeichen dafür sein, dass die Idee wirklich wird. Oft genug muss ich neue Aufgaben und Rollen erproben, immer wieder Neues entwickeln. Doch was ich so tue, ist mit einem tiefen Sinn verbunden.

»Du kannst nicht Mönch werden, wenn du nicht ganz in Feuer gerätst«, sagt Abbas Joseph zu Abbas Lot (Apophthegmata 389). Engagierte Gelassenheit kann ich nur leben, wenn ich mich mit innerem Feuer auf das Neue einlasse. Entscheidend ist nicht, wie oft und wie angestrengt ich etwas tue, sondern meine Energie und die innere Haltung der Leidenschaft sichern mir ein Leben in Kraft. Dann brenne ich, ohne auszubrennen. Denn Leidenschaft ist das innere Feuer, das mich durchglüht. Leidenschaft ist der Wille, der mich entzündet und mich zum Tun ermutigt. Leidenschaft ist der »Brennstoff im Herzen«, wie der US-amerikanische Autor Stephen R. Covey sagt.

Leidenschaft erkenne ich daran, dass ich hoffnungsvoll bin und mutig dranbleibe, auch wenn ich Ungewohntes angehe oder mich auf ein Risiko einlasse. Leidenschaft erkenne ich an starken Gefühlen – wie meiner Freude an der Arbeit, meinem Mut zum Engagement und meinem Vertrauen zu anderen. Leidenschaft orientiert sich am Mitmenschen. Deshalb beziehen leidenschaftliche Menschen andere Menschen in ihre Überlegungen mit ein. Sie sind mitfühlend und für andere da. Leidenschaft entwickle ich, wenn ich meine Fähigkeiten in den Dienst an einem größeren Ganzen stelle. Wahre Leidenschaft zeigt sich gerade darin, dass sie nicht überbordet, sondern mit Disziplin verbunden ist.

Ich spüre die Flamme in mir. Sie gibt mir auch Tatkraft und Disziplin. Disziplin ist der Preis, den ich zahle, damit meine Vision gelingenden Lebens Wirklichkeit werden kann. Disziplin und Tatkraft entstehen, wenn ich meine persönliche Zukunftsperspektive mit innerer Verpflichtung verbinde und auf diese Weise mit beiden Füßen auf dem Boden stehe.

Disziplinlose Menschen erkenne ich daran, dass sie keine innere Freiheit und Stärke in sich tragen, sondern von ungeordneten Gefühlen, Stimmungsschwankungen und Abneigungen getragen sind. Disziplinlose Menschen haben viele Wünsche und keine konkreten Vorstellungen.

Disziplinlose Menschen vernebeln die Wirklichkeit: Verbissen schreiben sie seitenlange E-Mails und rechtfertigen ihr Handeln, veranstalten Meetings ohne Konsequenzen, reflektieren den Status von Projekten und ziehen keinen praktischen Schluss daraus, bringen immer wieder Ausflüchte vor, wenn es darum geht, Flagge zu zeigen und konkrete Ziele anzugehen.

Frau M. ist ein Mensch mit Disziplin, sie ist von innerem Feuer getragen. In ihrem Beruf hat sie viel mit Kundenwünschen zu tun, und deshalb wird sie oft mit schwierigen Situationen konfrontiert. Sie hat gelernt, nicht sofort Ablehnung zu zeigen, sondern die Wünsche hinter einer Konfrontation zu entdecken. Sie sagt: »Es ist an dir, ob das Klima konfrontativ ist oder freundlich. Ich muss nicht impulsiv reagieren, mich von den Umständen und meinen Gefühlen treiben lassen, sondern ich kann gestalten. Wie manche Kunden mit mir umgehen, entspricht nicht meinen inneren Werten und Vorstellungen, aber ich kann mich entscheiden, ob ich diese lebe. Ich kann mich ärgern, aber ich kann auch geduldig sein und erst einmal auf mich hören. Sprüche wie: ›Das macht mich wütend!‹ oder: ›Da lässt sich nichts ändern!‹ habe ich aus meinem Wortschatz gestrichen. Ich wähle und ich verpflichte mich selbst.«

Disziplin, wie ich sie hier verstehe, hat nichts mit preußischem Exerzieren zu tun, sondern mit innerer Verpflichtung. Ich erkenne diese Disziplin an der Entschlossenheit, mit der jemand an eine Aufgabe herangeht und mit der er seine Fähigkeiten auf die Aufgabe konzentriert. Der disziplinierte Mensch arbeitet durchaus hart und hält auch schwierigen Situationen stand. Immer wieder neu und engagiert arbeitet er auf die Umsetzung hin, realistisch, der Situation angemessen und in kleinen Schritten. In der Realisierung wird meine innere Haltung gestärkt. Hingabe, Solidarität, Mitgefühl, Fürsorge, Vertrauen, Geduld ... werden gefördert. »Wir haben gelernt, dem Ganzen zu dienen« – drückte es ein Kollege in einem gemeinsamen Projekt aus. Der Mensch mit Disziplin hat einen langen Atem. Er übt gute Angewohnheiten ein und ist auch für kleine Dinge dankbar. Seine Disziplin ist Willenskraft, die sich im Alltag zeigt.

Diesen Alltag möchte ich nochmals in einer anderen Perspektive in den Blick nehmen. Wie kann ich aus innerer Kraft diszipliniert leben, gut organisiert und geistlich zugleich arbeiten?

Kraft haben – gut organisiert und geistlich zugleich

Wie kann ich mich selbst so führen, dass ich meine beruflichen Herausforderungen gut bewältige und dabei inneren Frieden habe? Wie kann ich mein Leben und meine Arbeit gut managen und dabei gleichzeitig die innere Stimme des Lebens lebendig erhalten? Wie kann ich gut organisiert und geistlich zugleich bleiben?

Ich begleite Maria M., eine Angestellte in einem Dienstleistungsunternehmen. Nach Jahren erfolgreicher Arbeit war sie in der letzten Zeit immer unzufriedener geworden. Sie hatte gemerkt, dass sie zu sehr in Gewohnheiten und Routinen gefangen war und nun für sie die Zeit gekommen war, Neues zu wagen. »Ich komme aus dem Getriebe des Alltags nicht mehr heraus!«, berichtet sie mir: »Ich habe keine innere Ordnung mehr. Ich will etwas verändern.« Gemeinsam prüfen wir, welche inneren Kräfte sie leiten: ihre Unsicherheit, Neues zu wagen, aber ebenso ihr Wille, gegen ihre Unzufriedenheit anzugehen. Wir schauen auf ihre Unausgeglichenheit und Gereiztheit, ihr Gefühl, dass sie keinen inneren Rhythmus mehr hat. Verschüttete Kräfte treten allmählich wieder zu Tage.

So schlecht, wie in der letzten Zeit angenommen, ist ihr Leben gar nicht. Nur war zu vieles von der Routine verschüttet. Alltagsstress hat ihr Ausgeglichenheit und Willenskraft genommen. Sie weiß um ihre Fertigkeiten und Kenntnisse, die sie für neue Schritte vorbereiten: Interesse und Offenheit, die Lust am Lernen, ihr Wille, sich mit anderen an neue Aufgaben zu machen. Schritt für Schritt formulieren wir ihre Vision, wie sie ihre innere Einstellung und ihre Arbeit verändern kann.

Maria M. formuliert ihren persönlichen Arbeitshorizont neu: Management soll zugunsten von kreativen Prozessen zurücktreten. Sie will wieder mehr Zeit für sich einplanen. Soziale Beziehungen und Teamarbeit sollen eine größere Rolle in ihrer Arbeit spielen. Pläne reifen heran und werden Schritt für Schritt umgesetzt.

Heute arbeitet sie mit größerer innerer Ruhe und mehr Engagement. Ihre Lebenseinstellung ist wieder konstruktiv geworden. Maria M. ist ihrer inneren Mitarbeiterin treu. Diese Treue zur inneren Stimme, die sie führt, hat Folgen bis in die praktische Alltagsgestalt hinein. Benedikt von Nursia weiß darum.

Auf meine Seele achten

»Animam suam custodiat.« – »Er achte auf seine Seele«, schreibt Benedikt dem Cellerar, dem Verwalter des Klosters, ins Stammbuch (Regel Benedikts 31,8). Damit gibt er eine Leitlinie an die Hand, wie Arbeit gut organisiert und geistlich zugleich sein kann (vgl. Grün 1998). Benedikt formuliert im 31. Kapitel seiner Regel eine Reihe praktischer Arbeitshaltungen, die ich hier aufführe. Denn diese Haltungen fördern spirituelle Selbstführung.

Er achte auf seine Seele.

Ich kann mich üben. Selbstaufmerksamkeit, die nicht bewertet, ist ein erster Schritt der Selbstsorge: Ich nehme die Regungen meines Herzens wahr. Ich versuche, meinen Wahrnehmungen und Gefühlen zu trauen. Ich prüfe meine Wunschvorstellungen. Ich beobachte meine Reaktionen und mein Verhalten, beziehe die Umstände in meine Überlegungen mit ein. Die Achtsamkeit und Wachsamkeit gilt bei Benedikt nicht nur mir selbst, sondern auch meiner Aufgabe, meinem Tun und Lassen, meinem ganzen Leben. Die konkrete Gestalt des eigenen Lebens klärt sich und kann aus der inneren Stärke heraus gelebt werden.

Es geht demnach in der Selbstbeobachtung nicht nur um Selbsterfahrung, sondern es geht auch um Verantwortung für mich selbst, um jene Verantwortung, in der der Mensch wirklich zu sich kommt und in seinem Herzen Ruhe findet. Aus der inneren Ordnung wächst das Gespür dafür, dass jeder Mensch seine eigene Berufung hat, seine Mission, die sein Tun in einer inneren Kraftquelle gründen und tägliche Verantwortung für seine Aufgaben und für die Menschen wahrnehmen lässt. »Der hat seine Berufung gefunden«, sagen wir im Alltag und meinen damit, dass jemand seinem inneren Wesen in der Arbeit treu ist und aus dieser Kraftquelle heraus Verantwortung lebt. Menschen mit solch einer Berufung richten ihre Aufmerksamkeit und ihre Kräfte auf jenen Punkt ihrer Arbeit aus, der kraftvoll ist. Sie sind überzeugt, dass sie etwas in ihrem Leben bewirken können. Sie wollen gestalten.

Ihr Wille zu gestalten zeigt sich anschaulich im Mut, jener emotionalen Stärke, die Widerstände und Hindernisse angehen und überwinden lässt. Mutige Menschen sind tapfer: Sie schrecken nicht vor Schwierigkeiten und Belastungen zurück. Sie nehmen ihren Standpunkt auch gegen andere Meinungen ein, zeigen Zivilcourage. Mutige Menschen sind ausdauernd: Auch schwierige Projekte führen sie beharrlich zu Ende, sie setzen sich couragiert ein, ohne aufzugeben, engagieren sich und lassen sich nur schwer von ihren Zielen abbringen. Mutige Menschen sind stimmig mit sich selbst: Sie sind ehrlich, halten Absprachen ein. Mutige Menschen sind tatkräftig: Sie gehen mit positiver Energie und Leidenschaft an die Dinge heran, engagieren sich mit Leib und Seele.

Benedikt formuliert von dieser inneren Stärke ausgehend einen ganzen Tugendkatalog. Er erwartet von mir, dass ich meiner Erfahrung traue und überlegt handle, dass ich authentisch bleibe, urteilsfähig bin und ausgeglichen, gerecht und klar in der Entscheidung, nüchtern und nicht maßloser Anstrengung und Hetze verfallen.

Die Pflege meiner Seele und die Sorge um meine eigene Person – und nicht besondere Kompetenzen – sind demnach Voraussetzungen dafür, dass ich meinen Dienst in Freude ausübe und nicht in beruflicher Deformation ende. Indem ich auf mich achte, kann ich meine Arbeitsgesinnung prüfen und so persönlich wachsen. Daher lohnt es sich, innezuhalten und sich zu fragen: Wie will ich meinen Beruf, meinen persönlichen Lebensstil gestalten?

Er trage Sorge für alles.

Der Weg, meiner inneren Bestimmung treu zu bleiben, bewährt sich im Alltag, wird dort konkret, wo ich lebe und Verantwortung zeige. Manchmal aber vergesse ich mich selbst – und alles andere ist wichtig. Darf ich mich überhaupt so wichtig nehmen? Die Pflichten stehen doch im Vordergrund!

Pflicht ist nicht mit Benedikts Sorge für alles gleichzusetzen. Wenn ich wirklich sorge, versuche ich, meinem inneren Zuspruch treu zu bleiben, und übe ich den wachen Blick auf das Ganze. Die Gemeinschaft darf nicht leiden – durch falsche Sparsamkeit, einengende Regeln, Selbstausbeutung, Arbeit auf Kosten anderer ... Wo ich meine Berufung anerkenne und Verantwortung wahrnehme, dort lasse ich einem guten Geist Raum, dort durchdringen sich alltägliche Arbeit und Ahnung eines Größeren, dort kann ich den Geist erfahren, den ich den heiligen, lebenspendenden Geist nenne. Dann kann aus dem Beruf eine echte Berufung werden. Dann kann sich eine Spiritualität entwickeln, die im Arbeitsalltag sichtbar ist.

Er tue alles mit Maß.
Maß halten zeigt sich bei vielen konkreten Anlässen. Muss ich wirklich diesen Brief noch am Wochenende diktieren und dadurch die Zeit mit der Familie beschneiden? Wo ist voller Einsatz notwendig und wo nicht? Wo muss ich präsent sein und wo nicht? Wo wird die Belastung zur Überlastung – und gleitet unmerklich in Raubbau hinüber? Maßhalten zeigt sich in vielen Alltagssituationen: ob ich Leistung, so wie sie ist, gelten lasse, ob ich mir selbst und anderen eine zweite Chance einräume, ob ich die nächsten Schritte sorgfältig erwäge, ob ich gerade in Krisen selbstdiszipliniert bin.

Das Maßhalten, die benediktinische Discretio, die Unterscheidung und Mäßigung meint, muss immer wieder neu eingeübt werden. Eine Zeit lang ist es mir möglich, die innere Balance zu halten. Doch dann komme ich, schleichend und unbemerkt, aus dem Tritt. Das Alltagsgeschäft frisst mich auf; ich komme gar nicht mehr dazu, Wichtiges von Unwichtigem zu unterscheiden. Ich bin überlastet und gehetzt. Ein rasches Wort gibt Anlass zur Verstimmung. Der Punkt, an dem ich innehalten muss, ist erreicht. Was ist wirklich dran?

Unterscheidung ist angesagt. Was kann ich gut, was nicht? Maßhalten ist nötig.

Eine Spiritualität der Arbeit, die auf Maßhalten setzt, ist eine lebensdienliche Korrektur des herrschenden Arbeitsethos. Nicht nur Produktivität und Ergebnisse zählen, sondern der Leben fördernde Beitrag, den ein Mensch zu einem Werk leistet.

Er sei weise, reifen Charakters und nüchtern.

Erfahrungsgesättigtes, »weises« Handeln zeigt auf das Wesentliche, und das heißt konkret: Ich verschaffe mir Überblick, beziehe verschiedene Sichtweisen mit ein. Ich höre zu und lasse den Rat des anderen zu. Ich öffne mich für neue Erfahrungen. So lerne und entdecke ich, was trägt.

»Nüchterne« Menschen sind ausgewogen. Ihr Urteil ist ausgeglichen, die Aufgaben, die sie stellen, sind genau durchdacht. Nüchterne Menschen sind besonnen. Sie zögern aber auch nicht, sondern suchen die klare Entscheidung. Sie wissen, dass sie eine Verantwortung haben, gut mit den ihnen anvertrauten Gütern umzugehen. Nüchternheit erkenne ich in Beständigkeit und Gelassenheit im Alltäglichen. Der Gelassene weiß um das rechte Maß zwischen »Workaholismus« auf der einen Seite und der Flucht vor der Arbeit auf der anderen Seite, die sich in Trägheit und Desinteresse, in Entscheidungslosigkeit und fehlendem Antrieb wie auch in der Angst vor Verantwortung zeigt. Für den Nüchternen bewährt sich die Gelassenheit gerade in den Widrigkeiten der Arbeit, dort, wo er lustlos wird oder vielleicht aufgeben möchte. Der Gelassene bejaht seine eigenen Grenzen und wird – oft mühevoll – auf seine Möglichkeiten im Schaffen achten.

Dies mag heute eine ungewohnte Arbeitshaltung sein – in einer Zeit, in der doch Flexibilität, Karriere und der kurzfristige Erfolg zählen. Doch aus eigener Anschauung weiß ich, dass nicht nur die gesteigerte Effizienz, sondern insbesondere das gelassene Handeln zum Erfolg beiträgt. Mitarbeiterinnen und Mitarbeiter brauchen Zeit, um sich neue Ziele anzueignen, sie brauchen Zeiten der Muße, um sich mit einem Vorhaben identifizieren zu können. Eine gute Idee will heranreifen und im Dialog geschärft sein. Ein Projekt zeigt erst dann Früchte, wenn ich die im Plan angepeilten Schritte Tag für Tag umsetze. Ich bleibe bei der Sache und führe sie zu Ende. Alle diese Haltungen setzen persönliche Reife voraus. Wenn einem Menschen das gelingt, kann er etwas von der »inneren Ruhe« haben, die für Benedikt das Ziel des Arbeitens ist: Er kann gelassen, frei von innerer Begierde, ausgeglichen und in innerem Frieden an die Dinge herangehen.

Vor allem habe er Demut.
Sinnvolle Arbeit dient der Gemeinschaft. Da ist die Ärztin, die mir erzählt, wie sie im Umgang mit den Kranken Selbstlosigkeit einüben lernte. Da ist der Unternehmer, der mir davon berichtet, dass er einen Betriebskindergarten aufbaut. Da ist die gut verdienende Akademikerin, die seit ihren Studienjahren einen Teil ihres Einkommens einem Entwicklungsprojekt zur Verfügung stellt. Da ist eine Mitarbeiterin, die sich für die Belange ihres Teams einsetzt. All diese Menschen leben diesen einen Dienst, der – auch aus christlicher Perspektive – Grundlegendes zur Einstellung der eigenen Arbeit gegenüber deutlich macht: dass alle ohne Rücksicht auf ihre jeweilige Position ihr Tun am Wohl der Gemeinschaft ausrichten sollen, dass

man den Menschen auch in seinen Schwächen respektieren und angemessen fördern muss, dass man sich um eine Atmosphäre der Wertschätzung und Achtung voreinander bemüht, dass man sich von der gegenseitigen Sorge leiten lässt, dass keiner traurig sei, sondern seinen Dienst gerne tue.

Er mache die Brüder nicht traurig. Kann er einem Bruder nichts geben, dann schenke er ihm wenigstens ein gutes Wort.

Benedikt sorgt sich um gelingende Beziehungen, vor allem zu den Menschen, die um ihre Rechte kämpfen müssen: Die Alten, die Kranken, die Gäste werden mit Sorgfalt bedacht. Echte Bedürfnisse dürfen nicht zu kurz kommen. Grundsätze des fairen Umgangs sind einzuhalten; selbst wenn ein Wunsch ungerechtfertigt ist, darf es nicht an einem guten Wort fehlen. Eine solche Menschlichkeit baut verlässliche Beziehungen auf. Zuwendung und Wertschätzung stärken die Fürsorge füreinander und die Solidarität. Das Wohlergehen der anderen ist wichtig – dann kann es gerecht untereinander zugehen. Dienen ist keine Einbahnstraße, sondern beruht auf Gegenseitigkeit. Wenn die Aufgaben für den Cellerar zu groß werden und er auf Hilfe angewiesen ist, soll man ihm diese auch gewähren.

Den ganzen Besitz des Klosters betrachte er als heiliges Altargerät.

Benedikt achtet den Besitz – und das ist gewagt – wie heiliges Altargerät. So bricht er die Trennung von Profanem und Heiligem, von Alltag und Sinntragendem auf. Leben und Arbeit werden ausgerichtet auf das, was einen trägt, werden damit zum Gottesdienst. Aus dieser Perspektive erschließt sich auch, warum die Brüder nicht traurig gemacht werden sollen. Denn Traurigkeit ist immer ein Zeichen für die Abwendung von Gott. Wer seinen Dienst – das meint »Demut« im originären Sinne – so lebt, übt Nächstenliebe und Gottesliebe zugleich.

Er sei gottesfürchtig.

Kann die Gegenwart Gottes meinen Arbeitsalltag prägen? Kann umgekehrt mein Arbeitsalltag mich für die Gegenwart Gottes öffnen? Ich bin davon überzeugt, dass ich mein Gespür für die Gegenwart Gottes im alltäglichen Arbeiten schulen kann. Ich lasse meine Arbeit unterbrechen. Alle täglichen Verwerfungen und Belastungen, positive und negative Erfahrungen kann ich vor Gott hinstellen. Manchmal kommen mir negative Gefühle hoch: Ärger, Missmut, Angst. Manchmal freue ich mich aber auch, bin einfach dankbar.

All das hat Platz im Innehalten. Gelingt es mir, meine Arbeit in mein Gebet hineinzunehmen, dann ordnet sich vieles. Ich kann mich im Beten auf Menschen und Dinge einstellen, die auf mich zukommen. Manch entfremdete Einstellung mag mir dabei bewusst werden. Ich entdecke positive Seiten in meiner Arbeit. All diese Erfahrungen kann ich dem ganz *Anderen* hinhalten.

Im Haus Gottes.

Ich fasse zusammen: Benedikt stellt sich in die Spannung zwischen persönlicher Stärke, Verantwortung in der Aufgabe und Dienst an den Gliedern der Gemeinschaft. Er wird nicht müde, immer wieder diese Glieder gelingenden Arbeitens miteinander zu verflechten: dass ich um mich Sorge trage, dass ich meine Aufgabe ernst nehme und dass ich in allem

Mitmenschlichkeit übe. Damit erreiche ich, dass ich selbst in innerer Ruhe lebe und die Gemeinschaft Frieden findet und so sprichwörtlich zum Haus Gottes wird.

Selbstsorge im Berufsalltag

»Geht das ...?«, fragt mich ein beruflich erfolgreicher Unternehmer: »Geht das, dass ich im Alltag so um mich und andere sorgen kann? Ich weiß, dass ich eine Sehnsucht in mir trage, die mehr ist, als Erfolg zu haben. Ich will etwas Sinnvolles schaffen. Was kann ich für mich, was für andere tun?« Wir kommen darauf zu sprechen, dass es sowohl um das Gemeinwohl geht, aber auch um die kleinen Schritte der Sorge für sich selbst. Wir entdecken, dass er selbst immer wieder Ruhepausen für seine Seele einplant – im Garten, in bewusster Stille, im Gespräch mit vertrauten Menschen.

Im Unterschied zum Selbstmanagement, bei dem ich meine Ressourcen und Fähigkeiten auf vorgegebene Ziele ausrichte, richtet sich Selbstführung auf mich selbst: Ich will meinen eigenen inneren Mitarbeiter führen. Wenn ich mich selbst führe, dann setze ich auf meine eigene Person. Ich will mich als Persönlichkeit entwickeln.

Die wichtigen Bereiche meines Lebens kommen mir dabei in den Blick: Ich achte auf meinen Körper, ob ich meine Lebensenergie fördere oder Raubbau mit meinen Körperkräften betreibe. Ich nehme wahr, ob ich mich um innere Stabilität bemühe oder mich vom erstbesten Widerstand herunterreißen lasse. Ich erforsche, ob ich meinen Gestaltungswillen einsetze oder mich einfach treiben lasse. Ich kümmere mich darum, ob ich absichtsvoll auf meinen persönlichen Lebenshorizont hin handle oder vom Alltagsgeschäft beherrscht einfach in den Tag hinein lebe. Ich nehme wahr, ob ich genau und unvoreingenommen beobachte und meine Wahrnehmungen reflektiere oder ob ich unüberlegt handle. Ich prüfe meine Einstellungen, ob diese auf Chancen ausgerichtet oder von einer problemorientierten Sicht der Dinge geprägt sind. Ich prüfe, ob es mir gelingt, meine Werte und Überzeugungen zu verwirklichen, oder ob ich diesen grob zuwiderhandle. Ich sorge mich darum, ob ich wirklich etwas bewirke – meine Fähigkeiten einbringe, meine Gestaltungskraft stärke, gegen Widerstände angehe und mich über meine Erfolge freue – oder nicht.

So bin ich mir selbst zugewandt. Wenn ich bereit bin, mich selbst auf diese Weise zu führen, dann wird mir bald klar: Ich möchte gut mit meinen inneren Kräften und Potenzialen umgehen. Ich möchte Verantwortung für meine Ziele übernehmen. Ich möchte achtsam sein für die Gegebenheiten meines Alltags. Ich kann gut organisiert und geistlich zugleich sein. Ich erkenne: Meine Arbeit wird für mich sinnvoll. Denn sie ist von einem tiefen Glauben getragen. Diese innere Haltung hat Auswirkungen bis in meinen Lebens- und Arbeitsalltag hinein.

Eine christliche Spiritualität des Arbeitens und des Lebens ist somit keineswegs abgehoben. Ich tue das, was mir aufgetragen ist, meine Aufgabe, und entdecke im Spiegel des Alltäglichen das Größere im Leben. Arbeit bringt mich nicht von Gott weg, sondern setzt das Werk seiner Schöpfung fort. Deswegen darf ich mich an meiner Arbeit freuen. Ich öffne mich für jene tiefe Dankbarkeit, dass meine Arbeit stets auch ein Geschenk ist, und staune.

Dankbar sein

Ich habe den Test gemacht und Menschen in meinem Arbeitsumfeld befragt, wofür sie in der Arbeit dankbar sind. Ihre Antworten:

»Ich bin dankbar, dass ...«

»... ich in meiner Arbeit Lebensziele verwirkliche.«
»... ich Sinnvolles schaffe.«
»... ich einen sinnvollen Beitrag für die Gesellschaft leiste.«
»... ich bei dem, was ich tue, mich auch selbst verwirkliche.«
»... ich meine inneren Werte und Maßstäbe finde.«
»... ich etwas tue, was über mich hinausreicht.«
»... ich gute Beziehungen finde.«
»... ich auch anderen zur Dankbarkeit verhelfen kann.«

»Dankbarkeit ist so etwas wie der Königsweg zum Glück. Dankbarkeit kann vielen Menschen vieles sein: Staunen; Wertschätzung; die Erkenntnis, dass eine negative Erfahrung auch ihre guten Seiten haben kann; die Erfahrung der Fülle; Dankbarkeit gegenüber einem Menschen; Dankbarkeit gegenüber Gott; oder das Gefühl, wahrhaft gesegnet zu sein. Dankbarkeit bedeutet, zu genießen; etwas nicht als Selbstverständlichkeit anzusehen; eine schwere Erfahrung zu bewältigen; oder ganz im Hier und Jetzt zu stehen. Dankbarkeit ist ein Gegenmittel gegen negative Emotionen wie Neid, Geiz, Feindseligkeit, Sorge und Ärger« (Lyobomirsky 2008, 104). Dankbarkeit lässt sich gut auf Leben und Arbeit übertragen.

Dankbarkeit wirkt sich auf unser Leben aus. Dankbare Menschen sind positiv gestimmt, am Leben interessiert, hilfsbereiter, zufriedener und froher. Dankbarkeit steigert das Selbstwertgefühl und hilft, mit schwierigen Situationen besser umzugehen. Dankbarkeit kann nicht isoliert bleiben. Sie fördert soziale Bande und stärkt zwischenmenschliche Beziehungen. Dankbarkeit trägt entscheidend zum Gelingen des Lebens bei. Sie fördert die geistige und seelische Gesundheit.

Dankbarkeit, so wage ich als Glaubender zu sagen, ist eine Gnade, Zuneigung Gottes zum Menschen. Er meint es gut. Seine Liebe spricht in mein Herz hinein. Von dieser barmherzigen Liebe bewegt, will auch ich Antwort geben. Die Kraft der Gnade bewegt mich, auch in meinem Lebensraum. Sie zeigt sich auch darin, wie ich engagiert bin, Aufgaben wahrnehme, solidarisch werde ... In dem, was ich tue, will ich mich hineinnehmen lassen in das Geheimnis, das mich trägt, und andere ermutigen, es auch so zu tun. Dann darf meine Arbeit Zeichen der Nähe Gottes unter den Menschen werden. Diese Gnade ist wahre Lebenskraft; sie lässt mich meine Arbeit in innerer Ruhe tun und inneren Frieden leben.

Jederzeit!

Vom Arbeitsstress zur Herzensruhe

*I*ch habe in verschiedenen Etappen Spielregeln für mehr Gelassenheit im Beruf formuliert und fasse diese hier zusammen. Meine Anregung: Formulieren auch Sie Ihre persönliche Handlungsanweisung für mehr Lebensfreude im Alltag und Beruf!

Mich nicht hetzen lassen, sondern wahrnehmen und Zeiten der Ruhe pflegen.
Oft genug stresst der Berufsalltag. Es braucht »Gegenräume«, in denen ich innehalte. Gegen die Selbstausbeutung gönne ich mir Zeit für mich selbst. Ich achte auf meinen Körper und erkenne, wo er mir Signale von Stress und Erschöpfung anzeigt. Ich lasse meine Gefühle zu – Hoffnungen und Ängste, Traurigkeiten und Sehnsüchte, Aufgewühltsein und Gelöstheit gehören zu mir. Ich nehme meine Gedankenbewegungen wahr – ob sie mich umtreiben oder in die Tiefe führen, ob ich im Trüben fische oder mit mir im

Klaren bin. Ich lasse meine inneren Erfahrungen zu und öffne so mein Herz für mich. Daher sind Zeiten, Orte und Rituale wichtig, an denen ich für mich aufmerksam sein kann.

Mich nicht vergessen, sondern mich um mich sorgen.
Ich sorge mich um mich. Meine Bedürfnisse haben ebenso Berechtigung wie die Verantwortung für andere, die Zeit für mich braucht es ebenso wie Hingabe und Dienst, Einkehr ebenso wie Engagement – passgenaue Selbstsorge steht an. So braucht meine Seele Räume, in denen ich wachsam auf mich achte.

Mich nicht im Negativen aufhalten, sondern mich selbst wertschätzen.
»Ich mag mich mit meinen Stärken und mit meinen Schwächen.« Diesen Satz auszusprechen und innerlich zu bejahen fällt mir oft schwer. Die Belastungen des Alltags verhindern, dass ich mich selbst positiv sehe. Manchmal werde ich mir meiner Grenzen bewusst; lebensverhindernde Bilder und Blockaden werden sichtbar. Es gibt wunde Punkte, die mich in meiner Lebenssicht gefährden. Doch auch in den Schattenseiten verbirgt sich Lebenskraft. Wahre Wünsche, die meinem Wollen Klarheit geben, die Gewissheit, dass ich Gutes tue, Stärken, durch die ich etwas schaffe, wie auch die Zuversicht in das Leben tragen mich.

Mich nicht in der Geschäftigkeit verlieren, sondern meinen inneren Weg einüben.

Innere Antreiber bringen mich von mir weg. Benedikts Weg des Hörens, Annehmens und Erfüllens bestärkt mich, dass ich mein Leben als einen schöpferischen Prozess wahrnehme. Immer wieder übe ich diesen Dreischritt, lasse mich auf Veränderung ein. Ich lerne, meine Wirklichkeit anzunehmen. Ich heiße den Wandel willkommen. Es gibt Wendepunkte in meinem Leben – Menschen, Momente, Aktionen –, die mich zum Guten führen. Ich nehme mir Zeit, um die wichtigen Erfahrungen zu erfassen, die mich verändert haben und mich verändern. So finde ich zur Erzählung meines Lebens und einen tieferen Sinn hinter den Dingen.

Mich nicht von außen bestimmen lassen, sondern herausfinden, was ich will.

Visionen beleben. Schon früh hat man mir ein Drehbuch für mein Leben mitgegeben. Wichtige Personen wie auch meine Umwelt haben mich geprägt. So entstand ein Bild vom größeren Zusammenhang meines Lebens, in das ich meine Werte und Glaubenshaltungen aufgenommen habe. Dieses Bild prägt meine Vorstellung, wie ich leben möchte und welche Ziele ich durch mein Tun erreichen will. Ich spüre meiner Geschichte, meinen inneren Bildern und Zukunftserwartungen nach. Ich will dabei voller Zuversicht und Mut sein. Ich will meiner inneren Stimme folgen und meiner Lebenskraft trauen.

Mich nicht isolieren, sondern mit anderen unterwegs sein.
Meinen Weg muss ich nicht alleine gehen. Unterstützende Beziehungen und Gemeinschaft sind tragende Lebenssäulen. Sie geben mir emotionale und praktische Hilfe. Durch meine Arbeit sorge ich dafür, dass ich für andere ein Segen werde. Dann diene ich wirklich. Ich will die Menschen achten, die durch ihre Wertschätzung mein Vertrauen stärken.

Mich nicht von der Arbeit vereinnahmen lassen, sondern das Heilige im Profanen entdecken.
Gestalteter Alltag und spirituelle Praxis, Menschenfreundlichkeit und Gottessuche sind kein Widerspruch. Im Gegenteil: Lebensfreude bewährt sich in den alltäglichen Dingen. Gottessehnsucht offenbart sich in der Art und Weise, wie ich lebe: Wie ich zu mir komme, zuversichtlich arbeite, Beziehungen gestalte, mein Lebensfundament finde, die Welt um mich herum gestalte – alle diese inneren Haltungen offenbaren, dass das benediktinische Ora et Labora, das Innehalten und Arbeiten, kein abgehobenes Programm ist. Der Wechsel zwischen innerer Ruhe und Arbeit stärkt in mir das Gefühl, dass das, was ich tue, sinnvoll und von einem größeren Ganzen getragen ist. Dann kann ich dankbar leben und arbeiten. Der Alltag, mein Leben und Arbeiten, wird zum Kraftraum meiner Spiritualität. Ich kann gut organisiert leben und geistlich zugleich sein.

Literaturhinweise

Spirituelle Texte

Die Benediktsregel. Herausgegeben im Auftrag der Salzburger Äbtekonferenz, Beuron 1992.

Bernhard von Clairvaux: Sämtliche Werke V (Predigten über das Hohe Lied 1–38), Innsbruck 1994.

Bernhard von Clairvaux: Sämtliche Werke VI (Predigten über das Hohe Lied 39–386), Innsbruck 1995.

Johannes Cassian: Unterredungen mit den Vätern, übersetzt, eingeleitet und mit Erläuterungen versehen von Gabriele Ziegler, Münsterschwarzach 2011.

Miller, Bonifaz: Weisung der Väter. Apophthegmata Patrum, Trier 3. Aufl. 1986.

Spirituelle Zugänge

Abel, Peter: Spirituelle Wege aus dem Burnout, Münsterschwarzach 2009.

Jamison, Christopher: Durchatmen. Finde den Mönch in dir, Münsterschwarzach 2011.

Grün, Anselm: Menschen führen – Leben wecken. Anregungen aus der Regel des heiligen Benedikt, Münsterschwarzach 1998.

Keating, Thomas: Das Gebet der Sammlung, Münsterschwarzach 2010.

Puzicha, Michaela: Kommentar zur Benediktusregel, St. Ottilien 2002.

Schellenberger, Bernardin: Bernhard von Clairvaux, Olten 1982.

Gut leben und arbeiten

Covey, Stephen R.: Die 7 Wege zur Effektivität. Prinzipien für persönlichen und beruflichen Erfolg, Offenbach 15. Aufl. 2009.

Covey, Stephen R.: Der 8. Weg. Mit Effektivität zu wahrer Größe, Offenbach 6. Aufl. 2009.

Drexler, Diana: Gelassen im Stress. Bausteine für ein achtsames Leben, Stuttgart 2006.

Frank, Renate: Wohlbefinden fördern. Positive Therapie in der Praxis, Stuttgart 2010.

Hüther, Gerald: Die Macht der inneren Bilder. Wie Visionen das Gehirn, den Menschen und die Welt verändern, Göttingen 2004.

Lyobomirski, Sonja: Glücklich sein. Warum Sie es in der Hand haben, zufrieden zu leben, Frankfurt am Main 2008.

Müller, Günter F./Braun, Walter: Selbstführung. Wege zu einem erfolgreichen und erfüllten Berufs- und Arbeitsleben, Bern 2009.

Niederberger, Lukas: Die Kunst engagierter Gelassenheit. Wie man brennt, ohne auszubrennen, München 2011.

Potreck-Rose, Friederike/Jacob, Gitta: Selbstzuwendung. Selbstakzeptanz. Selbstvertrauen. Psychotherapeutische Interventionen zum Aufbau von Selbstwertgefühl, Stuttgart 2003.

Scharmer, C. Otto: Theorie U. Von der Zukunft her führen, Heidelberg 2009.

Schnabel, Ulrich: Muße. Vom Glück des Nichtstuns, München 2010.

Seligman, Martin E. P.: Der Glücks-Faktor. Warum Optimisten länger leben, Bergisch Gladbach 2005.

Tobler, Sybylle: Neuanfänge – Veränderung wagen und gewinnen, Stuttgart 2. Aufl. 2010.

Warr, Peter/Clapperton, Guy: Richtig motiviert mehr leisten. Konzepte und Instrumente zur Steigerung der Arbeitszufriedenheit, Stuttgart 2011.